Dirk Maxeiner • Michael Miersch
BIOKOST & ÖKOKULT

Dirk Maxeiner • Michael Miersch

BIOKOST & ÖKOKULT

Welches Essen
ist wirklich gut für uns
und unsere Umwelt

Piper
München Zürich

Mehr über unsere Autoren und Bücher:
www.piper.de

Von Dirk Maxeiner und Michael Miersch liegen bei Piper vor:
Lexikon der Öko-Irrtümer
Schöner Denken (mit Henryk M. Broder und Josef Joffe)

ISBN 978-3-492-05100-2
© Piper Verlag GmbH, München 2008
Satz: Filmsatz Schröter, München
Druck und Bindung: CPI – Clausen & Bosse, Leck
Printed in Germany

Für Walter Maxeiner und Ekkehard Miersch,
unsere Väter

INHALT

Vorwort **8**

1 Von der Landkommune zum Weltkonzern **15**

2 Ist Biokost gesünder? **26**

3 »Chemikalien im Essen
sind das geringste Problem« **44**
Interview mit Professor Helmut Greim

4 Ist Biolandwirtschaft besser
für die Umwelt? **56**

5 »Kunstdünger ist sogar ökologisch
vorteilhaft« **77**
Interview mit Professor Josef H. Reichholf

6 Was macht Hühner glücklich? **92**

7 Aber es schmeckt besser, oder? **107**

8 »Nach dem Verlust der Sextabus
hat man sich ins Essen verbissen« **110**
Interview mit Udo Pollmer

9 Was ist eigentlich Biolandbau
und wo kommt er her? **127**

10 Der grüne Sündenfall **140**

11 Die Angstkampagnen **151**

12 »Bio war von Anfang an eine Sekte« **168**
Interview mit Professor Beda M. Stadler

13 Wie grün ist die Grüne Gentechnik? **181**

14 »Mutter Natur ist Gentechnikerin« **196**
Interview mit Professor Norman Borlaug

15 Die Zukunft der Landwirtschaft **210**

Anhang
Ein Einkaufszettel für kritische Verbraucher **232**
Ein kleiner Ratgeber für den Medienkonsum **236**

VORWORT

Das Großstadtkind Christian wollte mal einen richtigen Bauernhof sehen. Der nette Landwirt, der einmal pro Woche frische Eier brachte, hörte davon und lud ihn zu sich ein. Als der Junge zurückkam, erzählte er seinem Opa, dass es beim Bauern ganz anders war, als er sich das vorgestellt hatte: Die Hühner kratzten nicht auf dem Mist, sondern waren in kleine Käfige eingesperrt. Da schmiedete der Großvater mit dem Enkel einen Plan. An einem Tag, als der Bauer wieder in Frankfurt Eier auslieferte, fuhren sie heimlich zu seinem Hof und filmten die Käfigbatterie. Kurz darauf wurde der Film im Fernsehen gezeigt, denn Christians Opa hieß Bernhard Grzimek.

Das war im Jahr 1971. Der Beitrag über Käfighennen in Grzimeks Sendung *Ein Platz für Tiere* war die erste Konfrontation der deutschen Stadtbevölkerung mit der Realität der modernen, technisierten Landwirtschaft. Das Publikum war entsetzt – auch wir damals noch Jugendlichen. Hühner in Käfigen, Kühe, die mit Maschinen gemolken wurden, Tomaten, die in riesigen Glashäusern ohne Erde heranreiften: Was war aus Opas Bauernhof geworden?

Wir sind beide Stadtmenschen der ersten Generation. Unsere Väter waren in jungen Jahren noch in der Land- und Forstwirtschaft zu Hause. Heute haben die wenigsten überhaupt noch einen echten Bauern in der näheren Verwandtschaft oder im Freundeskreis. Auch schon 1971, als Grzimek mit dem Hühnerfilm das Publikum schockierte, war das Landleben für die meisten Menschen bereits nicht mehr mit Arbeit verbunden, sondern mit Sonntagsspaziergängen und Picknicks. Gleichzeitig wurde ein Idealbild des kleinbäuerlichen Lebens im Seelenhaushalt konserviert. Darin stapfte noch der Sämann mit dem Tragetuch voller Korn über den Acker und zogen Pferde den Pflug. Auch in den Lesebüchern der Schulen war die Landwirtschaft im 19. Jahrhundert stehengeblieben. Agrarindustrie und Lebensmittelhändler hatten kein Interesse, dieses Bild zu korrigieren, denn Landromantik verkaufte sich gut. Kühe auf der Wiese, Ferkel im Stroh und die rosige Bäuerin, die hinter dem mit Geranien geschmückten Fenster einen rustikalen Brotlaib anschneidet. So gefiel es den Werbeagenturen und dem Bauernverband – und so glaubten es die Kunden gern.

Doch Grzimeks Hühner-Dokumentation war der Anfang vom Ende dieses Idylls. In den folgenden drei Jahrzehnten wurden die Schattenseiten der modernen Nahrungsmittelproduktion immer häufiger von Fernsehscheinwerfern ausgeleuchtet. Nun prägten taumelnde BSE-Kühe, lecke Pestizidfässer und Gülleseen das gängige Bild der Landwirtschaft. Testlabors hatten Konjunktur. Jedes Picogramm Unkrautvernichtungsmittel, das noch auf einem Salatblatt nachgewiesen werden konnte, war für eine Schlagzeile gut. Lebensmittel erschienen auf einmal lebensgefährlich.

Je stärker echte und vermeintliche Skandale die Verbraucher verunsicherten, desto mehr stieg die Nachfrage nach etwas Reinem, Unbeflecktem. Zwar existierte die Biolandwirtschaft bereits seit dem frühen 20. Jahrhundert, doch sie verharrte lange in einer kleinen Nische von Anthroposophen und Reformhausjüngern. Der große Aufschwung begann erst in den Neunzigerjahren. Nun galten Biobauern als die Guten im finsteren Geschäft der Nahrungsmittelproduktion. Und wenn auch nicht alle ihre Produkte kauften, der Applaus war ihnen sicher.

Bis heute genießen Biobauern einen tadellosen Ruf: Sie sind lieb zu ihren Tieren, benutzen kein Gift und schonen die Umwelt. Die von ihnen produzierten Lebensmittel gelten als rundum gesund. Der Siegeszug der Biolandwirtschaft hat die meisten westlichen Industrieländer erfasst, doch nirgends ist er so glanzvoll verlaufen wie in Deutschland, Österreich und der Schweiz. Nirgends wird so viel Biokost verkauft wie in den deutschsprachigen Ländern. Dafür zahlen viele Kunden gern etwas mehr, sowohl im Supermarkt als auch via Finanzamt, denn inzwischen erhält die Biolandwirtschaft besonders üppige Subventionen.

Die kleinbäuerliche Lesebuchidylle ist zurückgekehrt. Hinter dem Sumpf der wechselnden Lebensmittelskandale leuchtet der Ort, an dem die Hühner glücklich, die Äpfel ungespritzt und die Menschen ehrlich sind. Der Biolandbau stillt die Sehnsucht nach einer intakten Welt, einer unkomplizierten, widerspruchsfreien Ordnung, in der wir uns zu Hause fühlen können. Der Erfolg der Biokost verläuft nicht zufällig parallel zur Konjunktur der Homöopathie und anderer esoterischer Heilmethoden. Viele Menschen erblicken darin die sanfte Alternative zur modernen Medizin, die sie ängstigt. Diese Haltung durchdringt immer mehr Lebensbereiche. »Viele Verbraucher«, schrieb die *taz*, »wissen nicht, was ›Bio‹ eigentlich konkret bedeutet – aber sie finden es gut.« Das Bild der Verbraucher von Bio sei ziemlich diffus.

Je stärker die Erfolge des wissenschaftlichen, technischen und ökonomischen Fortschritts unser Leben verbessern und unsere Wahlmöglichkeiten ausweiten, desto mehr Menschen fürchten sich vor diesem rasanten Fortschritt. Die Errungenschaften, nach denen sich unsere Großeltern sehnten und um die uns Menschen in den Entwicklungsländern beneiden, erscheinen entseelt und bedrohlich. Lieber träumt man von der vermeintlich heilen Agrargesellschaft der Urgroßeltern. Doch zu dieser Idylle gehörten harte Knochenarbeit, bittere Armut, Unwissenheit und früher Tod.

Dass die Vergangenheit besser war als die Gegenwart, ist nur einer der Ernährungsmythen, aus denen sich das makellose Image des Biolandbaus speist. Ein anderes Vorurteil lautet, »natürlich ist besser als künstlich«. Dass Biobauern keinen Kunstdünger und keine synthetischen Pestizide einsetzen, bedeutet jedoch nicht, dass sie eine schadstofffreie Landwirtschaft praktizieren. Auch sie bekämpfen Insekten und Schimmelpilze – nur mit anderen Giften als ihre Kollegen. Bioprodukte sind deshalb nicht gefährlich, man kann sie unbesorgt kaufen. Allerdings gilt das auch für die konventionellen Lebensmittel.

Für dieses Buch haben wir uns die Klischees, die über Biokost im Umlauf sind, einmal genauer angesehen und hartnäckig die Frage gestellt: Stimmt das überhaupt? Dabei stellte sich heraus, dass Bioprodukte nicht gesünder sind als andere und – was uns am meisten überraschte – dass Biolandwirtschaft auch nicht besser ist für die Umwelt. Andererseits sind viele Biobetriebe vorbildlich in Sachen Tierschutz und legen Wert auf artgerechte Nutztierhaltung.

Wer sich mit dem Für und Wider des Biolandbaus beschäftigt, gerät leicht in einen erbittert geführten ideologischen Streit. Man bewegt sich auf vermintem Terrain, das macht es nicht gerade leicht, ein populäres Sachbuch zu schreiben, das die Leser nicht nur aufklären, sondern auch unterhalten soll. Schon wenn wir früher in Zeitungen über dieses Thema schrieben, war die Aufregung groß. Zitiert man eine wissenschaftliche Studie, in welcher der Biolandbau schlecht wegkommt, kontern die Verbandsfunktionäre mit einer Gegenstudie. Die gibt es natürlich auch, besonders viele von den Instituten der Bioorganisationen, die allerdings nur sehr selten die eigenen Dogmen infrage stellen. Aber auch die Befunde unparteiischer Forschungseinrichtungen sind nicht immer eindeutig und widerspruchsfrei. Wem soll man glauben? Wir haben uns die unterschiedlichsten Arten von landwirtschaftlichen Betrieben im In- und Ausland angesehen, Primär- und Sekundärquellen gesichtet, Experten befragt und zitieren hauptsächlich Studien von staatlichen Universitäten, Regierungsbehörden und angesehenen Institutionen wie beispielsweise der Stiftung Warentest. Wenn uns der Leiter eines Instituts für Biolandbau schrieb, »Sicherheitsprobleme mit Schimmelpilzgiften oder Kolibakterien, wie sie den Bioprodukten gern angedichtet werden, sind vernachlässigbar«, dann schauten wir doch lieber nochmals beim Bundesinstitut für Risikobewertung nach, wo wir lasen, dass solche Gifte »nicht frei von gesundheitlichen Risiken« sind und sogar »Krebs auslösen« können. Oder bei der Stiftung Warentest, die schrieb: »In unseren Tests schnitten viele Bioprodukte bei der mikrobiologischen Prüfung schlecht ab.« Die Interviews mit Biologen, Medizinern, Lebensmittelchemikern und anderen Fachleuten geben Ihnen eine zusätzliche Einschätzung aus erster Hand.

Für Bio und konventionelle Landwirtschaft gilt: Es muss sich noch vieles ändern, bis sie wirklich zukunftsfähig sind. Die UN-Bevölkerungsprognosen sagen voraus, dass die Menschheit bis zur Mitte des 21. Jahrhunderts weiter wachsen wird. Es ist eine Herkulesaufgabe, die dafür nötige Steigerung der globalen Agrarproduktion möglichst umweltverträglich zu gestalten. Denkverbote und Dogmatismus helfen dabei nicht weiter.

Die Recherchen für dieses Buch ergaben: Biolandbau hat Vorteile und Nachteile, ist aber nicht grundsätzlich besser als die moderne Landwirtschaft – in manchen Bereichen sogar schlechter. Das hat uns selbst verblüfft, denn wir waren lange Zeit davon überzeugt, dass Bioproduktion ökologisch überlegen und gesundheitlich vorteilhaft sei. Wir haben Bio eingekauft und tun das teilweise noch heute. Wir besuchten zahlreiche Biohöfe und haben dabei viele sympathische, engagierte und gewissenhafte Landwirte kennengelernt.

Dieses Buch ist keine »Abrechnung« und auch keine sensationsgierige »Entlarvung«. Die Skandale um Pestizidreste auf Biokarotten und andere Betrugsfälle interessieren uns nicht. Wenn irgendetwas erfolgreich ist, versuchen früher oder später Abzocker auf den Zug aufzuspringen. Das ist normal und sollte nicht als Argument gegen Bio verwendet werden. Wir sind auch nicht der Meinung, dass Biolandbau grundsätzlich schlecht ist. In der Bioideologie wurden jedoch leider einige Illusionen konserviert, über die einmal offen geredet werden sollte. Die Verbände pflegen Dogmen und schotten sich gegen neues Wissen ab. Und der Handel gaukelt den Kunden eine ländliche Idylle vor, die angeblich bessere Lebensmittel hervorbringt, für die man höhere Preise verlangen kann.

Dieses Buch will auch nicht die konventionelle Landwirtschaft reinwaschen. Obwohl sich manches zum Besseren entwickelt hat, gibt es immer noch einiges zu kritisieren. Manche Methoden der modernen Agrarproduktion belasten die Umwelt erheblich. Die Tierhaltung ist oftmals ein Graus. Während wir dieses Buch schreiben, ist im Osten und Norden Deutschlands der Bau von mehreren riesigen industriellen Schweinemastbetrieben mit bis zu 95 000 Tieren geplant. Die Sorge ist berechtigt, dass die Tier- und Umweltschutzstandards davon platt gewalzt werden.

Trotz solcher Fehlentwicklungen können wir Konsumenten in den wohlhabenden Industrieländern aus einer Vielfalt gesunder und hochwertiger Lebensmittel auswählen, von denen unsere Vorfahren nur träumen konnten. Die wichtigste Botschaft dieses Buches lautet: Ja, es gibt Skandale, Betrug und Schlamperei. Doch das gab es schon immer und es besteht kein Grund, Angst vorm Essen zu haben, egal ob Bio oder konventionell. In diesem Sinne: guten Appetit.

München, im Januar 2008
Dirk Maxeiner & Michael Miersch

1
VON DER LANDKOMMUNE ZUM WELTKONZERN

Die wichtigsten Fakten in Kürze:
- Aus kleinen Anfängen heraus ist der Bioboom zum Milliardengeschäft geworden.
- Die Biolandwirtschaft globalisiert sich und immer mehr Ware kommt aus dem Ausland.
- Betrügereien sind nicht besonders häufig, kommen aber vor.
- Wie bei anderen Markenprodukten auch, sind Gefühle und Sehnsüchte für den Kauf von Biowaren ausschlaggebend.
- Die regionale Herkunft von Lebensmitteln gewinnt für die Kunden immer mehr an Bedeutung – in Zukunft vielleicht noch mehr als das Bioetikett.

Die Biokiste kam jede Woche von einem Bauernhof im Umland von Augsburg. Ein Lieferwagen brachte sie bis an die Haustür, bepackt mit Gurken oder Grünkohl, Äpfeln, Kartoffeln oder Sellerie. Die Zusammenstellung richtete sich nach der Jahreszeit und dem, was auf dem Hof gerade vorrätig war. Als verwöhnte Supermarktkunden, die es gewohnt waren, stets alles und in jeder Jahreszeit in den Regalen zu finden, musste sich Familie Maxeiner ganz schön umstellen. Und irgendwann wurde es auch ein bisschen langweilig.

Aber wir hielten eisern durch – und brachten es auch einfach nicht übers Herz, die Lieferung abzubestellen. Es wäre uns wie ein Verrat an den netten Biobauern vorgekommen, die wir bei einem Tag der offenen Tür kennengelernt hatten. Es ging eben nicht nur um schmackhafte Lebensmittel, sondern auch um eine gute Sache, die wir unterstützen wollten. Also wurde Grünkohl in allen Variationen zubereitet und keiner traute sich zu sagen, dass er eigentlich keinen Grünkohl mehr mochte. Biobauern genossen gleichsam Welpenschutz. Damals – das war Mitte der Neunzigerjahre – galten sie zwar nicht mehr als Exoten, aber die Vorstellung, ihre Erzeugnisse könnten eines Tages bei Aldi oder Lidl im Standardangebot auftauchen, war noch sehr weit weg.

Über einige Jahre bereisten die Autoren dieses Buches für die Schweisfurth-Stiftung die Republik, um Reportagen über die Gewinner des »Agrar-Kulturpreises« der Stiftung zu schreiben. Das waren stets Biomusterbetriebe – auf die eine oder andere Art. Die einen probierten neue Formen des Zusammenlebens und Arbeitens aus, andere waren erfolgreiche Familienbetriebe mit drei Generationen unter einem Dach. Wieder andere bezogen die Betreuung Behinderter in ihr Konzept ein. Doch auch ein neuer Typus von Biobauer kündigte sich an. Das waren gut ausgebildete Agrarfachleute oder Ingenieure, die arbeitsteilig große Güter bewirtschafteten. Besonders im Osten Deutschlands zeigte sich, dass riesige Flächen und Bio sich nicht ausschließen müssen. Im Schnitt hat ein ostdeutscher Biobetrieb zehnmal so viel Fläche wie etwa einer in Bayern. Auch mutierten die Hofläden schon allmählich zu Feinkost-Oasen für betuchte Städter. Professionelles Marketing und die Veredelung von Produkten etwa zu feinen Käse- oder Wurstsorten eröffneten neue Einnahmequellen. Allen gemeinsam waren eine mitreißende

Aufbruchstimmung und ein glaubhaftes Engagement für die Umwelt, an das wir uns heute noch gerne erinnern.

Ein gutes Jahrzehnt später ist der Biolandbau längst aus seiner idealistischen Nische herausgetreten und seine Produkte sind in der Mitte der Gesellschaft angekommen. Aus den einstigen Davids sind inzwischen Goliaths geworden. Mit dem Unternehmen KTG Agrar ist Ende 2007 der erste deutsche Biobauer an die Börse gegangen und hat Aktien im Wert von 23 Millionen Euro platziert. Das Unternehmen verfügt über eine Fläche von 14 000 Hektar, überwiegend im Osten Deutschlands, das sind umgerechnet fast 20 000 Fußballfelder. Rund die Hälfte davon dient dem Anbau von Biogetreide. Der Inhaber ging Anfang der Neunzigerjahre des vorherigen Jahrhunderts nach eigener Aussage noch »Klinken putzen«, um die von ihm produzierten Ökoeier in den Supermärkten des Ruhrgebiets zu platzieren. Heute setzt er jährlich 30 000 Tonnen Ökogetreide ab, die mit industrieller Effizienz produziert werden. Jeder Traktor des Agrarimperiums arbeitet am Rande der optimalen Auslastung. Wenn die Ernte in Deutschland vorüber ist, werden sie nach Litauen verschifft, wo KTG inzwischen ebenfalls große Flächen bewirtschaftet.

Auch die großen Lebensmittel-Multis drängen in den boomenden Biomarkt und die Nachfrage ist so groß, dass die Bauern gar nicht mehr mit der Produktion nachkommen. Das Geschäft ist globalisiert, um den Ansturm zu bewältigen, kommt ein großer Teil der Ware aus Osteuropa und Übersee. Bioobst stammt zu 60 Prozent aus dem Ausland, Biogemüse zu 40 Prozent und Getreide zu 20 Prozent. China exportiert jährlich Bioware für eine viertel Milliarde Euro in alle Welt und bebaut 3,5 Millionen Hektar – mehr hat nur noch Australien. Vor allem Hülsenfrüchte, Getreide und Tee kommen aus dem Reich der Mitte. In 120 Ländern wird mittlerweile biologisch erzeugt, weltweit hat sich die Fläche in den letzten zehn Jahren auf über 30 Millionen Hektar versechsfacht.

Der Lebensmittel-Discounter Aldi war in Deutschland 2007 der größte Verkäufer von Biokartoffeln. Die Deutsche Frühstücksei GmbH & Co. KG, mit 16 Millionen Legehennen Europas größter Eierproduzent, wurde im gleichen Jahr zum größten europäischen Bioanbieter überhaupt: Der Konzern erwarb die Mehrheit an dem Bioei-Erzeuger Wiesengold-Landei. Immer neue Rekordmarken werden erreicht: Biogetreide wird heute wie Rohöl auf Spotmärkten gehandelt. Bio ist ein Milliardenbusiness geworden. Will man einer optimistischen Hochrechnung der Unternehmensberatung Ernst & Young glauben, so könnten biologisch produzierte Lebensmittel im Jahr 2020 in Deutschland einen Marktanteil von 30 Prozent erreichen.

Die Deutschen gaben 2007 rund 5 Milliarden Euro für Bioware aus, weltweit werden schon 30 Milliarden umgesetzt. Schwerpunktländer sind die USA, Großbritannien, Schweden und – einsam an der Spitze – Deutschland. Jeder zweite Kunde griff 2007 mindestens einmal im Monat ins Regal mit der ökologisch korrekten Ware. Bundesweit warben mehrere Tausend Ökoläden und viele Hundert Biosupermärkte um die Kundschaft. In der Biobranche stehen inzwischen 160 000 Menschen in Lohn und Brot, das sind so viele Arbeitsplätze wie im VW-Konzern. Allein in Berlin bedienen mehrere Dutzend Supermärkte die Nachfrage, der größte davon nennt sich LPG (in Anspielung auf den DDR-Terminus »Landwirtschaftliche Produktionsgenossenschaft«) und wartet am Senefelder Platz in Prenzlauer Berg auf die Kundschaft. Den Bewohnern des In-Viertels stehen hier auf zwei mit Rolltreppen verbundenen Etagen Zehntausende verschiedene Produkte zur Auswahl. Das Angebot reicht von Büffel-milch-Mozzarella über Brühwürfel und Babynahrung bis zu Waschmitteln und Windeln.

Das Etikett Bio darf fast nirgendwo mehr fehlen. Beim Buletten-Multi McDonald's gibt's Bionade und Biomilch, im Großkino Biopopcorn. Von Ayurvedaöl bis Bio-Zaziki kommen Tag für Tag beinahe zwei Dutzend neue Bioprodukte auf den Markt. Bio ist zum festen Bestandteil eines neuen, schicken Lebensstils geworden. Die *Frankfurter Allgemeine Sonntagszeitung* sieht eine »Bionadisierung der Gesellschaft« im Gange: »Bionade ist längst mehr als eine Kräuterlimonade. Die Fläschchen aus einer unterfränkischen Familienbrauerei stehen für eine Lebenshaltung: Schick, gesund, weltoffen und genussorientiert.« Tolerant und gerecht soll es zugehen auf der Welt, Mann und Frau trinken Bionade und fühlen sich gut. Hochglanz-Edelmagazine wie *Vanity Fair* präsentieren Filmstars wie Julia Roberts oder Leonardo DiCaprio als biologisch-dynamische Trendsetter, Starköche wie Sarah Wiener oder Jamie Oliver schwören unisono auf Bio. Der grüne britische Thronfolger Prinz Charles besitzt mit Gut Highgrove gar die erste Biofarm mit Hubschrauberlandeplatz.

»An einem Durchschnittsdonnerstag sind abends alle Parkplätze vor dem Hofladen belegt«, schreibt die *Frankfurter Allgemeine Sonntagszeitung* über den Dottenfelder Biohof vor den Toren Frankfurts, »im Abendwind flattert eine Demeter-Flagge mit der Aufschrift: Genieße den Unterschied.« Das Nachrichtenmagazin *Der Spiegel* schreibt, die Zielgruppe der sogenannten Lohas (»Lifestyle of Health and Sustainability«) sei eine »innovative Zielgruppe« mit großer Distanz zum Körner- und Verzichtsimage der früheren Ökobewegung: »Lohas tragen Gucci statt Selbstgestricktes und haben Freude am wertbewussten und nachhaltigen Konsum.« Und die Konkurrenz von *Focus* pflichtet bei: »Seit sich urbane Trendsetter beim schicken Biokaufhaus Basic eindecken und ihre Urlaube in grünen Designer-Lodges buchen, wirft die nachgewachsene Generation den letzten Linksquark über Bord.« TV-Moderatorin Sandra Maischberger testet Öko-Windeln, Schauspieler Axel Milberg lässt engagierte Appelle los: »Jeder Kaufakt ist eine Entscheidung. Mit jedem Pack Milch bestimmen Sie über die Welt, in der wir leben.« Der britische Marketingmanager David Robinson verkaufte eine viertel Million Exemplare seiner Ratgeber-Fibel *Einfach die Welt verändern*, wozu unter anderem der Konsum von Biomilch beitragen soll. Robinson sagt: »Oberflächlichkeit ist die neue Tiefe. Nur so können wir die Menschen erreichen.«

Das Bild der Verbraucher von Bio ist denn auch von einem diffusen Mutmaßen gekennzeichnet, das aber äußerst positiv. Bei einer Umfrage der Unternehmensberatung Ernst & Young gaben über 80 Prozent der Befragten an, sie verbänden mit dem Wort eine gesunde Ernährung. Jeweils etwa 70 Prozent assoziierten mit Bio artgerechte Tierhaltung und schonenden Anbau, rund 60 Prozent gute Nährwerte und Umweltschutz. Etwa 30 Prozent meinten sogar, Bio spare Energie ein. Bio bedeutet für die Bundesbürger das Wahre, Schöne und Gute – ob sich diese Einschätzung auch mit den Fakten deckt, ist dabei zweitrangig. Der deutsche Sternekoch Harald Wohlfahrt formuliert das sehr schön in seiner Begründung, warum er beim Einkauf im Zweifelsfall immer einer Biokartoffel den Vorzug geben würde: »Im Kopf schmeckt die auf jeden Fall besser.«

Das »Siegel« Bio bedeutet für die Kunden auch so etwas wie besondere Qualität. Schon im alten Mesopotamien sollen Händler ihre Transportkrüge mit speziellen Siegeln markiert haben und im Mittelalter zeigten Käse schon spezielle

Herkunftsmarken. Die Verkäufer wollten mit diesen »Marken« höhere Erlöse erzielen und bürgten mit ihrem Zeichen für Qualität. Ist eine solche Marke erst einmal etabliert, sickern schlechte Nachrichten viel langsamer in die Köpfe der Käufer als bei Produkten mit weniger starkem Image.

Die Frage, ob Biokost nun tatsächlich gesünder ist oder besser schmeckt oder ob diese Vorteile nur in der Einbildung der Käufer existieren, ist für den Erfolg sicherlich nicht ausschlaggebend. Das ist weder neu noch ungewöhnlich. Kaufentscheidungen werden ja auch bei zahllosen anderen Produkten nicht aus rationalen Erwägungen heraus getroffen. Mit einem Porsche gelangt man auch nicht schneller von Frankfurt nach Köln als mit der Bahn – und schon gar nicht bequemer. Und dennoch kostet er mindestens 50 000 Euro mehr als eine Bahncard. Die Fahrtzeit zwischen zwei Großstädten dürfte dem gemeinen Porschefahrer völlig schnuppe sein. Was vielmehr zählt ist der Geruch von Wohlstand und Dynamik, den ein solches Gefährt um seinen Besitzer herum verbreitet. Unser tägliches Leben ist voller solcher Erscheinungen: Wer sich keinen Porsche leisten kann, greift eben zur Unterwäsche von Calvin Klein – auf dass ein wenig von der schmachtenden Schönheit der Werbe-Models auf ihn abfärbe. Kurzum: Ein Unternehmen, das erfolgreich sein will, ist gut beraten, kein nüchternes Produkt zu verkaufen, sondern Gefühle und Sehnsüchte.

Und diese Lektion hat die Biobranche verinnerlicht, wie ihr wachsender Erfolg zeigt. Wer ein Pfund Äpfel oder Kartoffeln aus biologischem Anbau erwirbt, der tut das nur sehr vordergründig, um satt zu werden. Moderne Biosupermärkte sind wunderbare grüne Lifestyle-Tempel, in denen die Sehnsucht nach Gesundheit und ewigem Leben, nach Reinheit und ländlicher Idylle gehandelt wird. Und obendrein liegt noch ein gutes Gewissen im Regal, was die wachsende Zahl der Porschefahrer unter den Kunden besonders freut. »Kauf dir eine bessere Welt«, heißt das alle einende Motto. Porsche- und Radfahrer stehen dann einträchtig an der Biosupermarktkasse, alle eint das überragende Gefühl, einer tadellosen Minderheit anzugehören. Das ist nicht schlimm, sondern allzu menschlich. Jeder soll nach seiner Fasson glücklich werden. Porsche-Automobile, Calvin-Klein-Unterhosen und Biogemüse haben mehr gemeinsam, als man glaubt: Weniger das Produkt selbst zählt, als vielmehr die von ihm transportierten Sehnsüchte. Das ist kein Abschied von der Aufklärung und auch nicht das Ende des Abendlandes, sondern schlichtweg ein Privatvergnügen der Menschen. (Problematisch wird es lediglich, wenn sich staatliche Stellen einmischen und beispielsweise in Schulkantinen Biokost zur Pflicht gemacht werden soll – obwohl es keinerlei Nachweis dafür gibt, dass sie gesünder ist).

Doch je näher die einstige Forderung von »Bio für alle« rückt, desto größer wird paradoxerweise die Angst vor einer »Vermassung« des Angebots. Als der Lebensmittel-Discounter Lidl sich an der Biosupermarktkette Basic beteiligen wollte, kam es zu einem regelrechten Aufstand. Schließlich stehe der neue Teilhaber eindeutig für »Masse«. Die politischen Ziele der Biobewegung würden verraten, hieß es in offenen Briefen, die Globalisierungsgegner von Attac protestierten vor Basic-Filialen, Lieferanten drohten mit Lieferstopp und Kunden blieben weg. Lidl blies schließlich zum Rückzug und bei Basic ist man wieder unter sich.

Je mehr Erfolg eine Idee hat, desto massenhafter wird zwangsläufig die Nachfrage. Das wirft natürlich die Frage auf, welche politischen Ziele es denn sind, die der Biolandbau verficht. Wenn es also nicht um eine möglichst flächendeckende Bioproduktion und lückenlose Versorgung der Bevölkerung geht, worum geht es dann? Sollten nicht auch weniger betuchte Menschen sich Biokost leisten können, wenn sie denn so vorteilhaft ist wie behauptet? Masse muss ja nicht automatisch mit schlechterer Qualität einhergehen, zumindest berichtete dies die Zeitschrift *Öko-Test* im September 2007, als sie Biolebensmittel der großen Discounter testete und zahlreiche Produkte mit »sehr gut« bewertete. Wenn wir denn, wie zuvor bereits zitiert, »mit jedem Pack Milch über die Welt bestimmen, in der wir leben«, sollten das dann nicht möglichst viele Menschen tun können? Und wo sollen denn die 600 000 Liter Milch, welche die Berliner an einem einzigen Tag trinken, herkommen, wenn nicht aus einer massenhaften Produktion? Oder schwingt im Unterbewussten vielleicht noch eine andere Erwägung mit: Das Weitverbreitete taugt nicht mehr zum Distinktionsgewinn. »Heute muss die Ware so genormt sein wie die Massenkundschaft«, heißt es etwas verächtlich in einem Report des *Spiegel*.

Mit dem wachsenden Erfolg tritt so auch die Widersprüchlichkeit des Biokonzepts zutage. Wenn sich tatsächlich alle eine bessere Welt erkaufen wollen, indem sie zur Bioware vom heimischen Bauern greifen, dann funktioniert die Idee nicht mehr. Schon ganz praktisch nicht, wie das Freiburger Ökoinstitut bereits 2001 in einer Studie konstatierte. Wegen des geringeren Ertrags müsste für eine komplette Umstellung des heimischen Agrarsektors auf biologischen Anbau die Ackerfläche um sechs Millionen Hektar erweitert werden – die es schlichtweg nicht gibt.

So sehr es die Kunden auch wünschen mögen, eine ausschließliche Versorgung von deutschen Bioäckern ist heute schon fernab der Realität. Wie bereits geschildert wird ein Großteil der Nachfrage inzwischen mit Waren aus dem Ausland gedeckt. Das muss auch ökologisch kein Nachteil sein, wenn aufgrund optimaler Klimaverhältnisse oder einer effizienten Produktionsweise mehr Energie gespart wurde als der Transport verursacht – das Nähere regelt der Einzelfall. Ein wachsender Markt mit guten Preisen zieht wie überall auch Produzenten an, die es mit den Vorschriften nicht allzu genau nehmen oder gar wissentlich betrügen. Das baden-württembergische Agrarministerium hat fünf Jahre lang Warenstichproben biologischer Anbieter genommen und das Ergebnis 2007 veröffentlicht. Die Ergebnisse sind im Großen und Ganzen ziemlich gut: Nur auf 2,2 Prozent der deutschen Ware fanden sich Pestizidspuren, es folgten Israel mit 3,3 und Spanien mit 4,3 Prozent, schließlich die Niederlande mit 7,9 Prozent.

Die Pestizidspuren bedeuten keine Gesundheitsgefährdung der Verbraucher, sondern verstoßen lediglich gegen das Reinheitsgebot des Biolandbaus selbst. Teilweise wurde wohl auch konventionelle Ware – die den Fachleuten gesundheitlich als genauso sicher wie Bioware gilt – umetikettiert. Besonderen Verdacht erregten Möhren aus Italien, die in vier von zehn Fällen auffällige Spuren aufwiesen. Auch Produkten aus China wird ein gewisses Misstrauen entgegengebracht, weil die Bauern dort den Unterschied zwischen Bioware und normaler Ware nicht so recht nachvollziehen könnten und schon mal beides in einen Topf würfen.

Das Misstrauen gegenüber Importen ist groß und der Wunsch, ihre Lebensmittel aus der eigenen Region zu beziehen, wächst bei vielen Verbrauchern – egal ob es sich dabei um Bioware oder normale Ware handelt. Woraus sich der neueste Trend ableitet. Er nennt sich »Terroir« und wird vom französischen Wort für Land, Heimat, Region abgeleitet. »Terroir« wird »Bio« den Rang ablaufen, heißt es im

Zukunftsletter des Trendforschers Matthias Horx. Die neue »Sehnsucht nach Herkunft« besitze auch in Deutschland ein großes Potenzial, nicht zuletzt für die prosperierenden Erzeugermärkte. Horx: »Regionalität bedeutet Herkunft und Verwurzelung. Das wiederum bedeutet Einzigartigkeit. Und diese besondere Qualität ist auf dem Weg zum Markenartikel.«

Wie das geht, zeigt Jochen Dettmer, der Geschäftsführer des Fleischverbundes Neuland. Neuland bietet Fleisch an, das aus regionaler und tierschonender Haltung stammt, verzichtet aber auf die metaphysischen Glaubenssätze der Bioanbieter. Er will gutes Fleisch »nicht nur für eine ökobewusste Elite, sondern für den Normalbürger« anbieten und hat großen Erfolg damit. Auch Umwelt- und Naturschützer unterstützen das Konzept – obwohl es die Hardcore-Bioregeln bewusst ignoriert. Die Tiere bekommen beispielsweise konventionelles Futter, das für die Tiere genauso gesund ist wie biologisches, allerdings nur die Hälfte kostet. 2006 wirtschafteten bereits 200 Bauernhöfe nach strengen Tierschutzkriterien. Eine wachsende Zahl regionaler Metzgereien bezieht ihre Ware von Neuland, denn für die Kundschaft wird die Herkunft des Fleisches immer mehr zum Kaufargument. Das zeigt auch eine Aktion der Landwirtschaftskammer Schleswig-Holstein. Sie vermittelt Kontakte zwischen regionalen Landwirten und Gastwirten. Welcher Landwirt bietet Kartoffeln, welcher historische Apfelsorten an? Welcher Koch sucht Zicklein, welcher frischen Spargel? Nichts freut die Gaststättenbenutzer mehr als die Herkunft ihres Schnitzels vom Hof aus dem Nachbardorf. Ob Bio oder Nicht-Bio ist dabei ziemlich egal.

2

IST BIOKOST GESÜNDER?

Die wichtigsten Fakten in Kürze:
- Biokost bietet keinerlei gesundheitlichen Vorteil.
- Die erlaubten Pestizidreste auf Nahrungsmitteln sind gesundheitlich unbedenklich.
- Biolandwirte setzen veraltete, unsichere Pestizide ein.
- 99,99 Prozent der Giftstoffe im Essen sind natürlichen Ursprungs.
- Schimmelpilze und bakterielle Verseuchung sind die größten Gesundheitsgefahren in Lebensmitteln.

Es gibt Meinungen, da nicken alle mit dem Kopf. Sie werden nicht mal als Meinungen erkannt, denn jeder hält sie für Tatsachen. Der ganz große Konsens breitet sich aus, weil bis auf ein paar Experten niemand Genaueres weiß. Die Engländer nennen solche allgemein verbreiteten, unumstößlichen, aber unbewiesenen Thesen »conventional wisdom«. Mit »konventioneller Weisheit« wäre das ungenügend übersetzt. »Conventional wisdom« ist die nette Form des Vorurteils: Gegen niemanden gerichtet, selten wirklich böse und meistens auch nicht besonders wichtig. Eine klassische Behauptung aus dieser Kategorie lautet: Biokost ist gesünder. Wir haben das alle schon tausendmal gehört und gelesen. Oftmals im Zusammenhang mit Formulierungen wie »jedermann weiß, dass …«, »es ist bekannt, dass …«, »wir wissen, dass …«. Selbst Menschen, die ansonsten alles kritisch hinterfragen, fangen an, Biogläschen zu kaufen, wenn sie ein Baby bekommen. Sogar viele, die nie Bioware kaufen, sind davon überzeugt, dass sie gesünder ist. Aber weiß man das wirklich? Wer sich auf die Suche nach Beweisen für die besondere Qualität von Bioprodukten macht, erlebt eine Überraschung: Seit den Zwanzigerjahren des 20. Jahrhunderts wird versucht, einen Beweis zu finden, dass diese Form des Anbaus besser für die menschliche Gesundheit ist – vergeblich. Der gute Ruf ist reine Gefühlssache ohne Faktenbasis.

Umfragen in verschiedenen Ländern haben immer wieder gezeigt: Konsumenten kaufen Biowaren, weil sie sie für »gesünder« und »sicherer« halten. Nummer eins ist stets die Gesundheit vor allen anderen vermuteten Vorteilen.

Seit vielen Jahrzehnten versuchen Forscher herauszufinden, ob Biokost dem Körper tatsächlich besonders guttut. Doch bis heute konnte kein wissenschaftlicher Nachweis dafür erbracht werden. Manche Vertreter der Ökobranche geben das offen zu. Katherine DiMatteo, Chefin des amerikanischen Verbands der Biokost-Händler (Organic Trade Association), gestand in einem Interview, ihre Lebensmittel seien »so nahrhaft wie die anderen Produkte auf dem Markt«. »Biogemüse hat denselben Nährstoffgehalt wie konventionell angebautes Gemüse, ist also nicht per se gesünder«, sagt auch Georg Schweisfurth, Gründer der erfolgreichen deutschen Biosupermarktkette Basic. Sir John Krebs, der bis 2005 der britischen Behörde für Nahrungsmittelstandards (Food Standards Agency) vorstand, erklärte: »Wenn Sie denken, Sie kaufen Essen mit einem Extra-Nährwert oder mit Extra-Sicherheit – wir haben keine Beweise für diese Behauptungen.« Auch Urs Niggli vom Schweizer Forschungsinstitut für biologischen Landbau (FiBL) bestätigt, dass es bis heute keine wissenschaftlichen Beweise gibt, dass Bioprodukte gesünder seien, so wie es die Verbraucher beim Kauf erwarten. »Biomilch ist nicht gesünder«, sagte er der *Basler Zeitung.*

Ein wirklich harter wissenschaftlicher Beweis, dass Bio gesünder ist, wäre auch schwer zu erbringen. Denn dafür müsste man über viele Jahrzehnte zwei getrennte Gruppen untersuchen, Bioköstler und Normalkonsumenten. Alle anderen Belastungsfaktoren sollten ausgeschlossen werden: Gene, Stress, Medikamente, Umweltverschmutzung. Um wirklich aussagekräftig zu sein, müsste man sogar den Tod der Probanden abwarten, denn es könnte ja auch sein, dass die einen zwar häufiger krank sind, aber dennoch länger leben. Und schließlich müsste man die Teilnehmer mit diktatorischen Mitteln dazu verdonnern, lebenslang der einen oder anderen Ernährungsweise treu zu bleiben. Das kommt im richtigen Leben kaum vor. Die meisten Menschen kaufen nicht alle Produkte in Bioqualität und viele tun es nur eine Zeit lang. Da also ein hieb- und stichfester Beweis kaum zu erbringen ist, muss man sich mit Indizien begnügen. Bei Futterwahlversuchen am Wiener Ludwig-Boltzmann-Institut bevorzugten Ratten Biokarotten und Bioäpfel. Warum, blieb unklar. In einem anderen Test mussten 22 Nonnen vier Wochen lang Biokost essen und danach vier Wochen Lebensmittel aus herkömmlicher Produktion. Die Ordensschwestern erklärten, sie hätten sich in den Bio-Wochen besser gefühlt und weniger Kopfschmerzen gehabt. Ihre Blutwerte wiesen auf ein gestärktes Immunsystem hin. Wissenschaftler halten die Klosterstudie jedoch für unbrauchbar. Denn die Nonnen wussten, wann sie welche Kost aßen. Später stellte sich noch heraus, dass die Klosterfrauen für die Studie vom zuvor üblichen Tiefkühlgemüse auf frische Kost umgestiegen waren. Das könnte die verbesserten Immunwerte erklären.

Die Bioverbände behaupten, dass ihre pflanzlichen Lebensmittel weniger mit Nitrat belastet seien. Die Stiftung Warentest konnte allerdings keine Unterschiede feststellen. In zwei getesteten Biokarottensäften fanden die Labors sogar mehr Nitrat als in den herkömmlichen Produkten.

Andere Einflüsse sind bedeutender als die Frage nach dem Anbausystem. Welche Beschaffenheit hatte der Boden, in dem eine Karotte wuchs? Wie viel Regen bekam eine Kartoffel ab? Wuchsen die Trauben im Schatten? Wie früh wurde der Apfel geerntet? Boden und Witterung bewirken viel mehr Differenzen im Geschmack und bei den Inhaltsstoffen als Bio oder Nicht-Bio. Dazu kommen die großen Unterschiede zwischen den Sorten. Ein Braeburn-Apfel enthält in der Regel mehr Vitamin C als ein Golden Delicious.

Das Schweizer Forschungsinstitut für biologischen Landbau (FiBL) wollte der Sache auf den Grund gehen. Die Mitarbeiter pflanzten 576 Apfelbäume verschiedener Sorten auf demselben Feld, düngten die eine Gruppe mit Chemie und die andere mit Kuhmist und verglichen über ein Jahrzehnt lang das Ergebnis. Unter anderem wurden Säure, Zucker und Größe der Früchte, Magnesium und Kalzium in den Blättern und Stickstoff im Boden gemessen. Das Ergebnis war ernüchternd. Einziger Unterschied: Die Bioäpfel waren im Durchschnitt fester und kleiner. Alle anderen Eigenschaften schwankten von Jahr zu Jahr und kreuz und quer zwischen konventionell und Bio. Die Unterschiede zwischen den Sorten waren erheblich, egal ob sie zur Bio-Gruppe gehörten oder nicht. Selbst beim Geschmacksvergleich konnten die Tester die Bioäpfel nicht herausschmecken.

Wer heute ganz normal im Supermarkt einkauft und sich

nicht einseitig ernährt, dessen Körper erhält ganz automatisch alle Nährstoffe, die er braucht. Bio bedeutet nicht, dass ein ungesundes Lebensmittel plötzlich besser wird. Süßigkeiten mit Biosiegel sind genauso schlecht für die Zähne und machen genauso dick wie solche ohne. Zu viel Biowein kann ebenfalls zu einem Kater führen. »Aber die Leute denken, oh geil, jetzt kann ich alles endlich essen«, sagt Peter Stehle, Präsident der Deutschen Gesellschaft für Ernährung, »als ob Bio zwangsläufig heißen würde gesund.«

Auch die Stiftung Warentest konnte keine grundsätzlichen Unterschiede feststellen. In einem Artikel der Zeitschrift *Test* über eine Vergleichsstudie der Stiftung zwischen Bio- und Nicht-Bio-Lebensmitteln hieß es kurz und prägnant: »Tops und Flops auf beiden Seiten.« 41 Prozent der Bioware erhielten bei den Untersuchungen, die zwischen 2002 und 2007 stattfanden, die Bewertung »gut« und vier Prozent »sehr gut«. Bei den Nicht-Bio-Produkten bekamen 46 Prozent »gut« und ein Prozent »sehr gut«. Auch bei den schlechteren Noten gab es keine größeren Unterschiede zwischen beiden Lagern. Im November 2007 untersuchten die Warentester Schokolade und entdeckten ausgerechnet bei einer Biomarke »eine extrem hohe Belastung« mit Benzpyren, einer Substanz, von der seit Langem bekannt ist, dass sie Krebs auslöst.

Der umfassendste Überblick über Forschungsarbeiten zu dem Thema stand 1997 im britischen *Journal of the Science of Food and Agriculture*. Fazit: »Es konnten keine klaren und konsistenten Unterschiede bezüglich des Nährwerts zwischen Bio und konventionell angebauten Lebensmitteln gefunden werden.« Eine von der ehemaligen deutschen Verbraucherministerin Renate Künast in Auftrag gegebene Studie des Senats der Bundesforschungsanstalten aus dem Jahr

2003 konnte ebenfalls keine Differenzen feststellen. Ob Getreideprodukte, Kartoffeln, Obst oder Schweinefleisch – in den vergleichenden Tabellen zu der Studie steht immer wieder die gleiche Bemerkung: »Kein Unterschied.« Fazit: »Die bisher vorliegenden Erkenntnisse erlauben aus wissenschaftlicher Sicht nicht den Schluss, dass der ausschließliche oder überwiegende Verzehr von ökologisch erzeugten Lebensmitteln die Gesundheit des Menschen direkt fördern würde.« Karsten Fehlhaber, der Direktor des Instituts für Lebensmittelhygiene der Universität Leipzig, hatte im April 2001 geschrieben: »Die einseitige Meinung, Ökoprodukte seien grundsätzlich gesünder, wird sich bei Lichte besehen als Irrtum herausstellen und ist geeignet, die Qualität konventionell hergestellter Produkte zu Unrecht zu diskreditieren.«

Doch im Jahr 2006 schien es endlich so weit zu sein: Britische Bioverbände präsentierten eine Untersuchung, aus der hervorging, dass Biomilch mehr Omega-3-Fettsäuren enthält. Sich darauf berufend forderten sie, ihre Milch als »gesünder« vermarkten zu dürfen. Doch die zuständige Behörde, die Food Standards Agency, blieb skeptisch. Omega-3-Fettsäuren kommen hauptsächlich in Fischen und einigen Pflanzenölen vor und gelten als wirksame Vorbeugung gegen Gefäßerkrankungen (nicht alle Ernährungsforscher sind jedoch von diesem Effekt überzeugt). Die Proben hatten ergeben, dass konventionell erzeugte Milch 40 Prozent weniger der wertvollen Fettsäuren enthielt. Bei näherer Betrachtung hatten die Unterschiede im Omega-3-Gehalt allerdings nichts mit Bio oder konventionell zu tun. Die Wissenschaftler hatten die Milch von Weidekühen mit solchen aus Stallhaltung verglichen, die mit Futtergetreide und Heu ernährt wurden. Aber auch manche Nicht-Bio-Landwirte lassen ihre

Kühe hinaus ins Grüne, was zu denselben Werten in der Milch führt. Außerdem schwankt der Gehalt erheblich, sowohl jahreszeitlich als auch nach Region. Und drittens ist Milch ohnehin eine sehr bescheidene Omega-3-Ressource. Um die Menge aufzunehmen, die ein einziges Lachsfilet enthält, müsste man über 20 Liter Milch trinken.

Im Januar 2007, kurz vor der Berliner Grünen Woche, der größten Agrarshow der Welt, wurde eine Meldung von Presseagenturen verbreitet: Umfangreiche EU-Forschungsprojekte hätten ergeben, dass Biolebensmittel einen »deutlich höheren Nährwert« auswiesen als konventionell hergestellte. Wieder wurde der Eindruck erweckt, jetzt sei endlich bewiesen, dass Bio gesünder ist. Bald stellte sich jedoch heraus, dass die Basis der Berichte die wenig aussagekräftige britische Milch-Studie war und gar keine neuen Erkenntnisse vorlagen.

Ähnlich wie bei der Milch sind auch Qualitätsunterschiede bei Schweinefleisch auf die Haltungsbedingungen zurückzuführen. Das deutsche Forschungsinstitut für die Biologie landwirtschaftlicher Nutztiere (FBN) stellte fest, dass Schweine, die in einer artgerechten Umgebung aufwachsen und genügend Auslauf haben, weniger Wasser im Muskelgewebe ansetzen – unabhängig von Bio- oder konventioneller Fütterung.

Kurz nachdem die Milch-Debatte in den britischen Medien abgeklungen war, erschien dort die nächste Omega-3-Untersuchung, doch diesmal mit umgekehrten Vorzeichen. Wissenschaftler der Strathclyde University hatten verschiedene Proben Hühnerfleisch untersucht. Und siehe da: Die Muskulatur des Biogeflügels enthielt weniger der wertvollen Fettsäuren, dafür mehr Cholesterin. Bei einer Blindverköstigung erklärten die Testpersonen, dass die Biohühnchen schlechter schmeckten. Die Wissenschaftler führten die Unterschiede auf Vitaminzusätze im Futter zurück, die auf Bio-Hühnerfarmen verboten sind.

Auch bei einer Nährwertuntersuchung von Weizen fiel der Vergleich zugunsten des konventionell erzeugten Getreides aus. Forscher aus Newcastle hatten gemessen, dass Bio-Winterweizen weniger Protein enthielt.

Obwohl nie ein Beweis dafür erbracht wurde, setzen die meisten Konsumenten Bio mit »gesund« gleich. Doch was bedeutet die populäre Bezeichnung wirklich? Was unterscheidet diese Form der Landwirtschaft von den anderen? Im deutschen Sprachraum nennt man sie Bio oder Öko, im englischen »organic«. Damit sind landwirtschaftliche Methoden gemeint, die auf Kunstdünger und bestimmte Pflanzenschutzmittel verzichten. Biobauern greifen stattdessen auf alte Praktiken zurück, um die Fruchtbarkeit des Bodens zu erhalten. Gegen Schädlinge und Unkraut setzen sie ebenfalls Giftstoffe ein, allerdings nur solche, die nicht synthetisch (also im Chemielabor) erzeugt wurden. Außerdem sollte jeder Hof ein Kreislauf aus pflanzlicher und tierischer Produktion sein, der möglichst wenige Zugaben von außen benötigt.

Wie im Biolandbau gearbeitet wird, welche Methoden angewendet, welche Stoffe eingesetzt werden, interessiert die meisten Verbraucher nicht so genau. Sie suchen eine saubere und sichere Alternative zur herkömmlichen Landwirtschaft, der sie nicht mehr trauen. Seit den Achtzigerjahren löste ein Lebensmittelskandal den anderen ab. Bei vielen Menschen blieb der Eindruck zurück, alle Nahrungsmittel seien irgendwie chemisch belastet oder sogar gefährlich.

Bio scheint der Ausweg zu sein für alle, die ihre Gesundheit schützen möchten. Doch ebenso wie harte Beweise fehlen, dass Bio nahrhafter ist, gibt es auch beim Thema Sicherheit keine eindeutige Antwort. Bei einigen Formen gefährlicher Verschmutzung schneiden Biowaren sogar schlechter ab.

Forscher der Universität Athen sichteten und werteten alle wissenschaftlichen Arbeiten aus, die sie zum Thema »Lebensmittelsicherheit und Biokost« finden konnten. Die Bilanz wurde im Jahr 2006 veröffentlicht. »Es gibt derzeit keinen Beweis«, heißt es darin, »der die These bestätigen oder widerlegen würde, dass Biolebensmittel sicherer oder gesünder sind als konventionell erzeugte.« »Was aber deutlich gemacht werden sollte, ist«, betonen die griechischen Wissenschaftler, »dass Bio nicht automatisch ›sicher‹ bedeutet.« Seit Rudolf Steiner 1924 seine Vorträge über biologisch-dynamische Wirtschaft hielt, konnte kein wissenschaftlicher Nachweis erbracht werden, dass Biokost tatsächlich besonders gesund oder gar lebensverlängernd ist. Viele Insider wissen das. Zum Beispiel Lord Peter Melchett, Direktor der Soil Association, der wichtigsten britischen Organisation für Biolandwirtschaft. »Wenn uns die Wissenschaft keine Antworten gibt«, sagte er, »dann müssen wir eben mehr auf Gefühle setzen.«

Bleibt von den vielen vermuteten Vorteilen nichts als ein besseres »Gefühl« übrig? Schließlich ist bewiesen, dass auf Biokost normalerweise deutlich weniger Rückstände von synthetischen Pestiziden zu finden sind. Doch – was die meisten Verbraucher nicht wissen – stehen Pestizide in der Rangfolge der realen Gesundheitsgefahren ganz weit unten. Selbst in den Fünfziger- und Sechzigerjahren, als Pflanzenschutzmittel der ersten Generation völlig sorglos gespritzt wurden, stieg die Lebenserwartung der Menschen rapide an. In den reichen Industrieländern können wir uns heute abwechslungsreicher und gesünder ernähren als je zuvor in der Geschichte. Magenkrebs etwa ging drastisch zurück. Vermutlich ein Erfolg des chemischen Pflanzenschutzes und moderner Konservierung. Denn dieser Krebs wird mit pilzverseuchten Nahrungsmitteln, aber auch mit Haltbarmachung durch Pökeln in Zusammenhang gebracht.

Dennoch hat die Angst vor Pestiziden einen rationalen Kern: Pflanzenschutzmittel sind schließlich Gifte, die Pilze, Unkraut oder Insekten vernichten sollen (auch wenn sie intensiv auf unerwünschte Wirkungen getestet werden). Landwirte müssen vorsichtig damit umgehen. Wer diese Stoffe kanisterweise auf dem Acker verteilt und nicht aufpasst, kann sich und andere gefährden. So kam es beispielsweise auf den französischen Antilleninseln Martinique und Guadeloupe zu einem Anstieg von Prostatakrebs und Missbildungen, weil Bananenfarmer den seit 1993 verbotenen Wirkstoff Chlordecon weiter sorglos auf den Plantagen verteilten – und somit ständig damit in Kontakt kamen. Doch trotz dieser schrecklichen Vorfälle ist der Verzehr der Bananen ungefährlich, weil das Gift nicht durch die Schalen dringt. Giftigkeit ist immer eine Frage der Dosis. Die berühmte, bis heute gültige Regel von Paracelsus (1493–1541) lautete:»Alle Ding' sind Gift und nichts ohn' Gift – allein die Dosis macht, dass ein Ding kein Gift ist.« Viele Substanzen, mit denen wir im Alltag umgehen, wie Salz oder Alkohol, sind tödlich, wenn wir zu große Mengen davon zu uns nehmen. Nach Ansicht führender Toxikologen sind die minimalen Pestizidmengen, die Endverbraucher aufnehmen, ungefährlich. Zwar entdecken Lebensmittelüberwacher immer wieder erhöhte Werte auf Nahrungsmitteln, doch auch diese Mengen liegen fast immer weit unter den gesundheitlich relevanten Dosen. Denn die gesetzlichen Grenzwerte liegen in der Regel 100- bis 100 000-mal tiefer als der Wert, bei dem nach den jeweils vorliegenden Erkenntnissen aus Tierversuchen einer Gesundheitsgefährdung beginnt. »In einer einzigen Tasse Kaffee«, schrieb Bruce Ames, einer der weltweit führenden Forscher auf den Gebieten der Biochemie und Molekularbiologie, »sind mehr Stoffe, die im Tierversuch Krebs auslösten, als potenziell krebserregende Pestizidrückstände in dem Essen, das ein Durchschnittsamerikaner in einem Jahr verzehrt.« Dazu sollte man wissen, dass etwa die Hälfte aller Stoffe, egal ob synthetisch oder natürlich, bei Versuchstieren Krebs auslöst, wenn man sie in hohen Dosen verabreicht. Ames sagte auch, dass die Krebsgefahr von natürlichen Chemikalien in Obst und Gemüse 10 000-mal höher ist als die von Pestizidrückständen. 1999 erhielt Ames von Präsident Clinton die Nationale Wissenschaftsmedaille, die höchste Auszeichnung der Vereinigten Staaten für Wissenschaftler.

Kaum ein Käufer weiß, dass selbst ungespritzte Pflanzen nicht pestizidfrei sind. Denn die Pflanzen selbst produzieren Giftstoffe, die Tiere – etwa Raupen – davon abhalten sollen, sie aufzufressen. Daher sind 99,99 Prozent aller Pestizide, die wir aufnehmen, natürlichen Ursprungs. Manche Naturgifte sind so extrem gefährlich, dass sie den Pflanzen einst mühsam abgezüchtet werden mussten, damit sie überhaupt essbar wurden. Der britische Molekularbiologe Anthony Trewavas wies darauf hin, dass jeder Mensch mit seiner ganz normalen Nahrung täglich mehrere Tausend natürliche toxische Pestizide zu sich nimmt. Er schätzt die Gesamtmenge dieser Stoffe auf einen viertel Teelöffel am Tag.

Das tödliche Solanin steckt in den Knollen und Blättern von Kartoffeln. Chlorogensäure ist in Aprikosen und Perchlorethylen in kalt gepresstem Olivenöl enthalten. Allein die Kohlpflanze produziert zur Abwehr von Fraßfeinden 49 giftige Pestizide. Um bei chemischen Pflanzenschutzmitteln ganz sicherzugehen, hat man deren Grenzwerte auf ein »parts per billion« (ppb) festgelegt (das ist die unvorstellbar geringe Menge von zehn hoch minus sieben Prozent). Dabei enthalten beispielsweise Karotten mehr als 10 000 ppb natürliche Kanzerogene und Pestizide. In Äpfeln und Pfirsichen stecken mindestens 50 000 ppb. Brokkoli enthält in großen Mengen Indolcarbinol, mit dem man im Tierversuch Krebs auslösen kann. Würde man den Grenzwert für synthetische Pestizide anwenden, »dann dürfte ein Erwachsener am Tag nicht mehr als ein Milligramm Brokkoli zu sich nehmen«, errechnete der Chemiker Heinz Hug. Vertreter der Bioverbände betonen dagegen, dass es sich bei vielen dieser natürlichen Giftstoffe um sogenannte sekundäre Pflanzenstoffe handelt, die einen wichtigen Beitrag zur gesunden Ernährung leisten.

»Die vom Menschen beigetragenen Pflanzengifte und Krebserreger machen etwa ein Zehntausendstel der natürlich hergestellten aus«, schrieb der Statistikprofessor Walter Krämer. »Eine Portion biologisch angebauter Brokkoli enthält die 15 000-fache Referenzdosis des in der Öffentlichkeit gern als Krebsgift Nummer eins angesehenen Tetrachlordibenzodioxins (kurz auch TCDD oder Dioxin), denn das in Brokkoli wie auch in Kohl und Blumenkohl enthaltene Indolcarbinol wird im Magen in Moleküle umgewandelt, die im Körper die gleichen Enzymreaktionen ablaufen lassen wie TCDD. Aber dieses natürliche Dioxin scheint anders als das künstliche, von dem man etwa glaubt, dass es über Verpackungsmaterialien unser Obst und unser Gemüse verunreinigen könnte, niemand um den Schlaf zu bringen.«

Die immer wiederkehrende Skandalisierung des Themas Pestizidrückstände spiegelt auch den Fortschritt der Messtechnik. In den frühen Sechzigerjahren konnten die Analysegeräte Messungen im ppm-Bereich durchführen. Alles, was geringer war, galt als null. In den Achtzigerjahren war es bereits möglich, Konzentrationen von eins zu einer Milliarde zu ermitteln. Wieder zwei Jahrzehnte später ist eins zu einer Trillion im Bereich des Messbaren. Der schon sprichwörtliche Zuckerwürfel im Starnberger See könnte also tatsächlich nachgewiesen werden.

Das bloße Vorhandensein eines potenziell gefährlichen Stoffes sagt nichts aus. Doch die Frage der Dosis und was sie bedeutet, wird leider viel zu selten gestellt. Bei dem Nitrofen-Skandal, der im Sommer 2005 wochenlang die deutschen Schlagzeilen beherrschte, lagen die Mengen, die in Eiern und Geflügelfleisch gefunden wurden, um den Faktor 1000 bis 10 000 unterhalb der kleinsten Dosen, für die im Tierversuch Krebsgefahr nachgewiesen werden konnte (es handelte sich bei den beanstandeten Lebensmitteln übrigens um Bioprodukte). »Würden Himbeeren«, schrieb der Statistikprofessor Walter Krämer, »statt in der Natur zu wachsen, künstlich hergestellt, müssten sie laut deutschem Lebensmittelrecht verboten werden.« Mithilfe moderner Analyseverfahren wurden in Himbeeren folgende natürliche Chemikalien nachgewiesen: 34 verschiedene Aldehyde und Ketone, 32 verschiedene Alkohole, 20 verschiedene Ester, 14 verschiedene Säuren, drei Kohlenwasserstoffe und sieben Verbindungen anderer Stoffklassen, darunter Cumarin, das Leber und Nieren schädigen und zu Lähmungen und Atemstillstand führen kann.

Dass Biobauern keine synthetischen Gifte benutzen, bedeutet nicht, dass sie kein Gift benutzen. Ökobauern dürfen schädliche Insekten, Unkraut und Pilze mit einer ganzen Palette von Stoffen bekämpfen. Die Liste umfasst mehrere Dutzend Mittel, darunter pflanzliche Substanzen, Mineralöle, Bakterienstämme und Chemikalien wie Kaliumpermanganat. Zu den pflanzlichen Wirkstoffen zählen beispielsweise die Insekten tötenden Pyrethrine und das Zellgift Quassin, das aus Bitterholz gewonnen wird. Kupfer- und Schwefelpräparate werden insbesondere im Obst- und Weinbau eingesetzt. Weil für bestimmte Pflanzenkrankheiten keine wirksamen Stoffe zugelassen sind, spritzen Bioobstbauern in kurzen Abständen Kupfer und Schwefel. »Dass im Biobereich Kupfer verwendet wird«, sagt der deutsche Lebensmittelchemiker und Bestsellerautor Udo Pollmer, »straft die ganze Ökopropaganda Lügen. Kupfer ist ein Schwermetall wie Cadmium oder Quecksilber, das wir nie wieder aus den Böden kriegen. Es schädigt massiv das Bodenleben, insbesondere die Regenwürmer. In einem Ökobetrieb in Baden-Württemberg musste unlängst aufgrund einer Verseuchung mit ›Biogift‹ das gesamte Erdreich ausgetauscht werden.«

Nach Ansicht der meisten Lebensmittelwissenschaftler zählen Pestizidrückstände zu den geringsten Gefahren, die im Essen lauern. Die wichtigste Ursache von nahrungsbedingten Krankheiten ist falsche, einseitige Ernährung. Dann folgen Infektionen durch Bakterien und andere Mikroorganismen oder Vergiftungen durch toxische Stoffe, die von ihnen gebildet werden. Solche natürlichen Risiken lauern sogar mit höherer Wahrscheinlichkeit in Bioprodukten. Die Zahl der Erkrankungen durch Bakterien oder Viren im Essen geht in Deutschland alljährlich in die Hunderttausende. Jahr für Jahr sterben über 200 Bundesbürger an Lebensmittelvergiftungen und -infektionen. Die US-amerikanischen Centers for Disease Control and Prevention (CDC) gehen von landesweit durchschnittlich 73 000 Erkrankungen und 60 Toten allein durch *Escherichia coli*-Bakterien aus. Auf der Risiko-Rangliste folgen Parasiten, physiologische Gifte, Allergien,

Unverträglichkeiten, Vergiftungsunfälle und Verletzungen durch Fremdkörper. So berichtet der Statistikwissenschaftler Walter Krämer, dass Jahr für Jahr über 800 Bundesbürger an Fischgräten und anderen sperrigen Essensbestandteilen ersticken.

Während sich viele Menschen vor Pestizidrückständen in der Nahrung fürchten, machen sich nur wenige Sorgen um die Verschmutzung durch natürliche Krankheitserreger wie Schimmelpilze, Einzeller, Bakterien oder Viren. Bis zum Aufkommen der modernen Hygiene und der wissenschaftlichen Medizin waren natürliche Gifte in der Nahrung eine der großen Menschheitsplagen. Insbesondere Pilzgifte (Mykotoxine) kosteten viele das Leben. Am bekanntesten ist das Mutterkorn *(Claviceps purpurea)*, ein Pilz, der auf Roggen gedeiht und dadurch häufig ins Brot gelangte. Wer sich daran vergiftete, starb oder verlor unter Schmerzen Finger und Zehen. Der Volksmund nannte diese Symptome Sankt-Antonius-Feuer. Noch in den Vierzigerjahren starben Tausende in der Sowjetunion, weil sie Brot gegessen hatten, das von Pilzen der Gattung *Fusarium* befallen war. Anfang der Sechzigerjahre registrierten Tierärzte Massensterben von Geflügel in England. Es stellte sich heraus, dass die Ursache der Pilz *Aspergillus flavus* im Futter war. Diese sogenannten Aflatoxine werden heute zu den potentesten Krebsauslösern gezählt. Durch Aufklärung, Qualitätskontrolle und Schutzmaßnahmen ist die Gefahr von Mykotoxinen im Essen heute geringer als früher – zumindest in den reichen Industrieländern. Doch sie ist immer noch wesentlich größer als das Risiko von Pestizidrückständen in der Nahrung. »Kontamination durch Schimmelpilzgift ist bei Biolebensmitteln wahrscheinlicher«, schreibt der amerikanische Biologe und Chemiker Alex A. Avery.

Naturdünger aus Tierfäkalien (den auch viele konventionelle Landwirte einsetzen) kann Krankheitskeime enthalten. Nach den Regeln des Biolandbaus muss der Mist zwar lange kompostiert werden, damit die Hitze Keime abtötet, aber in der Praxis gelangt doch immer wieder infektiöser Dung aufs Gemüse. Im Herbst 2006 starben in den USA drei Menschen und Hunderte mussten mit schweren Magen-Darm-Beschwerden ins Krankenhaus, weil sie mit Bakterien verseuchten Spinat von einer kalifornischen Biofarm gegessen hatten. Der Keim stammte von Rindern aus der Nachbarschaft. Das war kein Einzelfall. Im Sommer 1996 war es in Connecticut und Illinois massenweise zu Infektionen mit gefährlichen *Escherichia coli*-Bakterien gekommen. Als Ursache wurde Salat aus Bioanbau ermittelt. Im Jahr 2004 untersuchten Francisco Diez-Gonzales und seine Studenten von der Universität Minnesota Obst und Gemüse von 40 Anbaubetrieben, Bio und konventionell. Sie fanden heraus, dass die Wahrscheinlichkeit einer Kontamination mit *Escherichia-coli*-Bakterien bei der Bioware sechsmal häufiger war. Die Infektionsgefahr ist bei konventionellen Lebensmitteln schon deshalb geringer, weil nur ein Teil der Nicht-Bio-Landwirte überhaupt mit Fäkalien düngt.

Ende der Neunzigerjahre wurden in Deutschland mehrere Todesfälle und einige Hundert Erkrankungen bei Kindern bekannt, die sich mit Ehec-Bakterien (Entero-hämorrhagische *Escherichia coli*) infiziert hatten. Auch diese Erreger lauern typischerweise in Fäkalienresten auf Feldgemüse, nicht nur bei Biobauern. »Zurück zu mittelalterlichen Produktionsweisen kann eben auch bedeuten, dass mittelalterliche Gefahren wieder auftauchen«, meint Beda M. Stadler, Professor für Immunologie an der Universität Bern.

Und nicht nur beim Düngen sind alternative Methoden

hygienisch bedenklich. Freilandgeflügel ist häufiger mit *Campylobacter ssp.*, Salmonellen und anderen Mikroben belastet. Bei Rohmilch, die in Bioläden als besonders wertvoll angepriesen wird, besteht ebenfalls das Risiko einer Verunreinigung durch Ehec- und *Campylobacter ssp.*-Bakterien, warnt das Forschungszentrum für Umwelt und Gesundheit (GSF). Im Juli 2007 musste die Baby-Biokost-Firma Hipp eine Rückrufaktion für Säuglingsmilch starten, weil das Produkt mit Keimen des Typs *Enterobacter sakazakii* belastet war. Dieses Bakterium kann bei Kleinkindern Hirnhautentzündung oder schwere Darmentzündungen hervorrufen. Erkrankte Säuglinge sterben in 30 bis 80 Prozent der Fälle. Eine Studie der Uni Bern brachte 2005 ans Licht: In Biomilch leben mehr Mikroben als in konventioneller Milch und Biokühe leiden häufiger an gefährlichen Euterentzündungen. Aber auch Viren sind ein Risiko: Rohmilcherzeugnisse können den Erreger der Gehirnhautentzündung FSME enthalten. In einer im Jahr 2007 veröffentlichten Auswertung von 54 Lebensmitteluntersuchungen der Stiftung Warentest (aus den Jahren 2002 bis 2007) heißt es: »Das Fazit unseres Vergleichs ist für Biofans ernüchternd … In unseren Tests schnitten viele Bioprodukte bei der mikrobiologischen Prüfung schlecht ab. Viele unerwünschte Keime belagerten vor allem tierische Bioprodukte wie Fleisch-, Fisch- und Milcherzeugnisse. Das kann je nach Keimtyp und Keimzahl vor allem Kinder, Schwangere, geschwächte und ältere Menschen gesundheitlich gefährden.«

Im Jahr 2006 musste in Österreich Biohirse aus den Geschäften zurückgezogen werden, da sie mit Stechapfelsamen durchsetzt war (Vertreter der Bioverbände betonten, dass das Gift bei der Verarbeitung in einer Mühle hineingelangte, die nicht nur für Biobauern arbeitete). Bei einer

Untersuchung der deutschen Stiftung Warentest im gleichen Jahr stellte sich heraus, dass ein Demeter-Müsli zu viel gefährliches Pilzgift enthielt. »Wenn in gentechnisch veränderten Lebensmitteln solche Mengen von Giftstoffen gefunden würden wie in Biogetreide«, meint der britische Biologe Michael Wilson, »wäre dies das Ende der Grünen Gentechnik.«

3

»CHEMIKALIEN IM ESSEN SIND DAS GERINGSTE PROBLEM«

Interview mit Professor Helmut Greim

Helmut Greim gilt als einer der renommiertesten deutschen Toxikologen. Er war langjähriger Direktor führender Forschungseinrichtungen, darunter das Toxikologische Institut am GSF-Forschungszentrum für Umwelt und Gesundheit in Neuherberg bei München und das Institut für Toxikologie und Umwelthygiene der Technischen Universität München. Greim gehörte zahlreichen nationalen und internationalen Expertengremien an, die Regierungen und Institutionen bei der Abwägung von Schadstoffrisiken und der entsprechenden Gesetzgebung beraten. Seit 2004 leitet er das wissenschaftliche Komitee der europäischen Kommission »Mensch und Risiko«. Helmut Greim plädiert für eine rationale Abwägung von Risiken im Umweltbereich. Er veröffentlichte über 300 Artikel und Studien in international anerkannten Fachzeitschriften und wurde mit dem Bundesverdienstkreuz ausgezeichnet. Chemische Substanzen in Nahrungsmitteln spielen seiner Ansicht nach in der Rangfolge der alltäglichen Gesundheitsrisiken eine äußerst geringe Rolle.

Was macht eigentlich ein Toxikologe?

Greim: Die Toxikologie möchte vor allem herausfinden, warum und unter welchen Voraussetzungen eine Chemikalie oder ein Gemisch aus Chemikalien gesundheitsgefährlich ist. Dafür muss der Toxikologe zunächst einmal wissen, welche gefährlichen Stoffeigenschaften die einzelnen Chemikalien haben, dann, warum ein Stoff wirkt, also wie der Wirkungsmechanismus aussieht, und schließlich, wie die Dosis-Wirkungsbeziehung verläuft, um zu ermitteln, bis zu welcher Menge noch keine Wirkung auftritt und ab welcher eine Substanz problematisch wird. Diese Informationen sind die Voraussetzung für die Risikoabschätzung.

Und wie macht man das?

Greim: Zunächst muss man die Exposition kennen, das heißt man muss ermitteln, wie viel eines Stoffes ein Mensch beispielsweise über die Nahrung, die Luft oder durch Hautkontakt pro Tag aufnimmt. Diese Menge wird dann verglichen mit derjenigen, bei der ein Stoff noch keine Wirkung zeigt beziehungsweise gerade zu wirken beginnt. Die Differenz ergibt den sogenannten Sicherheitsabstand, das heißt die Spanne zwischen der gerade noch nicht wirkenden Menge und der täglichen Aufnahme. Das ist eigentlich schon alles. Will man beispielsweise die Gesundheitsgefährlichkeit von Chemikalien in Nahrungsmitteln ermitteln, überprüft man zunächst: Wie viel ist da drin, beispielsweise an Pestiziden, Schwermetallen oder sonstigen Schadstoffen? Dann wird ermittelt, wie viel des betreffenden Nahrungsmittels ein Konsument im Durchschnitt pro Tag zu sich nimmt. Daraus ergibt sich die durchschnittliche Menge einer Substanz, die täglich vom Menschen aufgenommen wird. Diese Angabe wird verglichen mit der »duldbaren täglichen Aufnahmemenge«.

Wer legt diese duldbare Aufnahmemenge fest?

Greim: Die wird von der dafür zuständigen Bundesbehörde oder der Weltgesundheitsorganisation festgelegt. Dafür werden Daten herangezogen, die man in der Regel mit Tierversuchen ermittelt hat, manchmal gibt es aber auch Erfahrungen bei Menschen. Im Rahmen solcher Untersuchungen wird der sogenannte »No Observed Effect Level«, kurz NOEL, identifiziert, also jene Schwelle, bis zu der noch keinerlei Effekte beobachtet werden. Diese Menge teilt man dann aus Sicherheitsgründen durch den Faktor 100 und erhält so die duldbare tägliche Aufnahmemenge. Sie ist für die meisten Stoffe dokumentiert und veröffentlicht, man kann sich also schnell und relativ problemlos informieren.

Was tun Sie dann, wenn hohe Schadstoffkonzentrationen festgestellt werden?

Greim: Man vergleicht zunächst die gefundene Konzentration mit der für das Lebensmittel zulässigen Höchstmenge. Ist diese überschritten, muss das Lebensmittel aus dem Verkehr gezogen werden. Höhere als die zulässigen Werte in einem einzelnen Nahrungsmittel bedeuten jedoch noch nicht, dass tatsächlich Gesundheitsschäden auftreten. Kritisch würde es erst dann, wenn die zulässigen Höchstmengen in allen Lebensmitteln und das für längere Zeit überschritten sind, denn erst dann wird die duldbare tägliche Aufnahmemenge der Chemikalie überschritten. Dies ergibt sich daraus, dass die für die einzelnen Nahrungsmittel zulässigen Höchstmengen eines Stoffes ermittelt werden, indem man die duldbare tägliche Aufnahmemenge auf die Nahrungsmittel verteilt, die man pro Tag üblicherweise zu sich nimmt. Dafür werden alle paar Jahre die Verzehrgewohnheiten der Bevölkerung ermittelt, indem überprüft wird, wie viel Karotten,

Kartoffeln, Steaks und so weiter normalerweise gegessen werden. Ich erinnere mich an einen Fall vor einiger Zeit, als in Hühnereiern Dioxinkonzentrationen festgestellt worden waren, die fast hundertfach über den Werten lagen, die man als ungefährlich ansieht. Das darf natürlich nicht sein. Dennoch war nicht mit Gesundheitsschäden zu rechnen, wenn man mal so ein Ei gegessen hätte. Wir haben alle eine gewisse Menge von Dioxinen im Organismus, sie entstehen bei jeder Verbrennung und reichern sich vor allem im Fett an. So ein einzelnes Ei erhöht diese Menge praktisch nicht. Erst wenn über Monate jeden Tag ein kontaminiertes Ei gegessen würde, würde auch die Konzentration im Fett ansteigen, was alle Bemühungen zur Verminderung der Dioxinbelastung zunichte machen würde. Wir haben ja schließlich erreicht, dass die Belastung mit Dioxinen rückläufig ist, weil viele Quellen wie die Müllverbrennung durch Abgasreinigung reduziert wurden. Anlässlich des Dioxin-Fundes in Eiern stellte sich aber noch etwas anderes heraus: »Normal« belastete Eier von frei laufenden Hühnern weisen etwa doppelt so hohe Rückstandsspuren auf wie die aus der Stallhaltung. Das liegt daran, dass die frei laufenden Hühner über die übliche Belastung des Bodens mehr Dioxine aufnehmen. Auch diese Werte lagen jedoch weit unter den zulässigen Grenzwerten. Prinzipiell sehe ich es als Toxikologe daher gelassener als die Verbraucher, wenn in der Zeitung steht, in diesem oder jenem Nahrungsmittel wurden Pflanzenschutzmittel gefunden oder die gesetzlich zulässigen Werte überschritten.

Seit wann gibt es im wissenschaftlichen Sinn überhaupt Toxikologie?
Greim: Die Toxikologie ist aus der Pharmakologie, das heißt der Lehre der Arzneimittelwirkungen hervorgegangen. Schon

Paracelsus, der von 1493 bis 1541 lebte, kam zu der Erkenntnis, dass erst von einer bestimmten Menge an mit giftigen Wirkungen zu rechnen ist: »Alle Ding' sind Gift und nichts ohn' Gift – allein die Dosis macht, dass ein Ding kein Gift ist.« Es ging dabei vor allem um die Wirkung von Arzneimitteln und den Giftstoffen, mit denen man jemanden umbringen konnte. Später dann kam es zu Erkenntnissen, dass akute oder chronische Vergiftungen auf bestimmte Toxine durch Pilzbefall von Nahrungsmitteln oder an Arbeitsplätzen auf hohe Schadstoffkonzentrationen zurückzuführen waren. Ende des 19. Jahrhunderts hat sich auch die Arbeitsmedizin diesem Problem gewidmet und im Laufe der Zeit sind eigene Institute für Toxikologie entstanden. Das erste toxikologische Institut in Deutschland wurde nach dem Zweiten Weltkrieg an der Universität Tübingen gegründet.

Mit welcher Technik oder Methode stellt man denn nun fest, ob etwas giftig ist oder nicht?
Greim: Die übliche Vorgehensweise ist, dass man zunächst einmal im Tierversuch, beispielsweise bei Laborratten, eine letale Dosis ermittelt. Das ist ein unbeliebtes Verfahren, weil man extrem hohe Konzentrationen verabreicht, um den Wert zu ermitteln, bei dem etwa die Hälfte der Tiere stirbt. Daraus ergibt sich aber die Einstufung eines Stoffes als sehr giftig, giftig oder minder giftig. In der täglichen Praxis beschäftigen wir uns aber mit Tests, bei denen Tiere über einen längeren Zeitraum mit einer Substanz gefüttert werden, um die Wirkung bei lang dauernder Exposition zu erkennen. Vergleiche mehrerer Testgruppen liefern uns dabei zwei Ergebnisse: Erstens denjenigen Wert, bei dem noch keinerlei Wirkung zu verzeichnen ist, dann je einen Wert mit mittlerer und stärkerer Wirkung. So erhalten wir Aussagen über die Menge

ohne Wirkung (No Observed Effect Level), die Dosis-Wirkungsbeziehung und die Art der Wirkung.

Kann man auf diese Tierversuche nicht verzichten?
Greim: Die Politik fordert derzeit von der Toxikologie, die Tierversuche herunterzufahren und durch alternative Verfahren zu ersetzen. Man kann mit diesen Verfahren sicherlich bestimmte Wirkungen herausfinden, aber nur die, für die solche Tests entwickelt worden sind. Also beispielsweise akute Toxizität, Reizwirkung oder das Absterben von Zellen (Zytotoxizität). Mit dem sogenannten Ames-Test lassen sich im Reagenzglas Substanzen identifizieren, die das Erbgut schädigen. Doch das sind sehr holzschnittartige Ja/Nein-Ergebnisse und sie erfassen nicht alle möglichen Wirkungen. Was sich auf diesem Wege auch nicht herausfinden lässt ist der erwähnte »No Observed Effect Level«, also jene Schwelle, bis zu der eine Chemikalie in einem lebenden Organismus keinerlei Wirkung zeitigt. Man bekommt auch nicht ohne Weiteres heraus, an welcher Stelle des Körpersystems sich eine Wirkung zeigt, beispielsweise der Leber oder dem Gehirn. Für die Ermittlung dieser sogenannten Organ-Spezifität kommt man nicht um den Tierversuch herum. Der Verzicht darauf reduziert unsere Erkenntnis und erhöht das Risiko, dass spezielle Wirkungen einer Chemikalie nicht erkannt werden.

Aber kann man nicht auch im Tierversuch etwas übersehen?
Greim: Zunächst mal haben wir heute sehr lückenlose und standardisierte Anforderungen an solche Versuche, die auf einem hohen Erfahrungsschatz basieren. Das Problem liegt mehr in der Frage: Ist das, was wir im Tierversuch sehen oder feststellen, relevant für den Menschen? Deshalb versucht die

Toxikologie zusätzlich herauszufinden, wie sich der Stoff im Tier und so weit möglich auch beim Menschen verhält: Wird er abgebaut, wird er entgiftet, reichert er sich an, wie wirkt er? Durch diese zusätzlichen Informationen kann man mit relativ hoher Sicherheit sagen, ob ein Stoff im Tier ähnlich wirkt wie beim Menschen.

Fällt Ihnen aus Ihrer Berufserfahrung ein Fall ein, wo man eben doch etwas Gravierendes übersehen hat?
Greim: Das ist nach wie vor Contergan. Ich arbeitete damals als Medizinal-Assistent in einer Frauenklinik. Man hat zu dieser Zeit bei Schwangeren selten geröntgt und auch keine Ultraschall-Untersuchungen gemacht, die Frauen wussten also bis zur Geburt nicht, ob das Kind eine Missbildung hat. Die erste Frage unmittelbar nach der Geburt war daher immer, ist das Kind in Ordnung? Der Contergan-Fall kam dadurch zustande, dass keine reproduktionstoxikologischen Untersuchungen, wie sie heute erforderlich sind, vorgenommen wurden, beziehungsweise die Tests bei Ratten gemacht wurden, die für Contergan nicht empfindlich sind. Als man dann Kaninchen testete, traten die Effekte zutage. Seitdem werden für solche Untersuchungen immer zwei verschiedene Spezies verlangt und man überprüft sehr genau, welche Aussagekraft der Tierversuch für den Menschen hat.

Sind wir vor solchen tragischen Fällen also sicherer als vor 30 Jahren?
Greim: Ganz lassen sich solche Vorfälle nicht ausschließen. Aber die Untersuchungsdichte und die Anforderungen an die Chemikalien oder Arzneimittel herstellende Industrie, umfangreiche Untersuchungen durchzuführen und die entsprechenden Daten vorzulegen, sind stark gestiegen und regu-

liert, neuerdings auch durch die EU-Chemikalienverordnung »Reach«.

Welche Bedeutung hat die Chemie in der Nahrung für die Gesundheit im Vergleich zu anderen Risiken?
Greim: Schon mein ehemaliger Chef Herbert Remmer, der die Toxikologie in Tübingen aufgebaut hat, sagte: »Wenn wir erreichen, dass sich die Bevölkerung vernünftig ernährt, nicht raucht und Alkohol nur in Maßen trinkt, haben wir für die Gesundheit mehr getan, als wir es durch das Erkennen giftiger Chemikalien jemals tun können.« Wenn man die tatsächlichen Gesundheitsrisiken statistisch auswertet, rangiert der Bereich der Chemikalien in Lebensmitteln auf der Skala sehr weit hinten, so im Bereich von weniger als einem Prozent. Probleme ergeben sich für den sogenannten Verbraucher zum Beispiel im Hobbybereich, wo ohne die in der Industrie üblichen Schutzvorkehrungen mit Chemikalien, beispielsweise Lösemitteln, umgegangen wird. Am Arbeitsplatz ist das mittlerweile strikt geregelt, daheim im Hobbykeller nicht.

In der Rangfolge der öffentlichen Aufmerksamkeit sieht es aber genau umgekehrt aus …
Greim: Es gehört natürlich zu unseren Aufgaben, immer wieder darauf hinzuweisen, wo die Risiken denn nun wirklich liegen.

Gibt es in dieser Hinsicht nicht einen großen Unterschied zwischen den Wohlstandsländern und den Entwicklungsländern?
Greim: Selbst innerhalb Europas gibt es große Unterschiede. Die Verschmutzung des Trinkwassers spielt in einigen Län-

dern eine große Rolle, aber auch Pilzgifte im Getreide. Die Belastung ist hier je nach Region sehr unterschiedlich und hängt auch damit zusammen, wie gut die Bauern informiert sind und wie sorgfältig sie arbeiten. Das gilt besonders für den Einsatz von Pflanzenschutzmitteln, also Herbiziden, Fungiziden und Pestiziden. In Deutschland sind die Landwirte mittlerweile sehr gut ausgebildet und wissen genau, wann und wie sie mit Pflanzenschutzmitteln umgehen dürfen und müssen. Es ist zum Beispiel genau festgelegt, wie viele Wochen vor der Ernte eine Substanz nicht mehr eingesetzt werden darf, damit genügend Zeit für ihren Abbau durch Sonnenlicht oder Bakterien bleibt. Um die Einhaltung der Vorschriften zu überprüfen, werden von den Landes-Untersuchungsämtern sorgfältig ausgewählte Stichproben gezogen. Grobe Erfahrungswerte besagen, dass die Fälle von Grenzwertüberschreitungen in Nahrungsmitteln bei unter fünf Prozent der untersuchten Proben liegen. Solche Nahrungsmittel stammen aber meistens aus dem Ausland. Aber wie schon gesagt: Eine Überschreitung in einzelnen Lebensmitteln bedeutet für den Konsumenten nicht, dass er dadurch die täglich duldbare Menge eines Stoffes erreicht oder überschreitet. Gleichwohl müssen solche Fälle erkannt und abgestellt werden.

Wie soll man denn als Laie mit der nächsten Zeitungsmeldung über Pestizidfunde im Gemüse umgehen?
Greim: Ich erinnere mich an eine Untersuchung an 14 europäischen Politikern, bei der festgestellt wurde, dass sich bei allen Schadstoffe im Urin fanden. Das klingt zunächst dramatisch, zeigt aber nichts anderes als die ganz normale sogenannte Hintergrundbelastung. Wir nutzen Chemikalien, sie gelangen in die Umwelt, wir nehmen sie auf, scheiden sie

dann aber auch wieder aus. Mit ausreichend empfindlichen Analyseverfahren findet man diese Stoffe überall. Ein gesundheitliches Risiko ist jedoch wie auch bei den Tests auf Pestizidrückstände in Lebensmitteln damit noch nicht gegeben. Ehe man sich Sorgen macht, sollte man auf jeden Fall prüfen, ob es sich um eine einzelne Messung handelt oder mehrere Stichproben gemacht worden sind, um einen Zufallsbefund oder Fehler bei der ersten Messung auszuschließen. Leider wird oft voreilig dramatisiert. Deshalb sollte die Untersuchung immer erst von unabhängigen Dritten bewertet werden, um beurteilen zu können, ob die Untersuchung ausreichend sorgfältig durchgeführt worden ist und auch, ob das Untersuchungslabor für die Aufgabe kompetent war.

Kommen wir nun von den künstlichen Chemikalien zu den natürlicherweise vorhandenen. Wie sieht es damit aus?
Greim: Ein Problem stellen die bereits erwähnten Mykotoxine, also Pilzgifte dar, die beispielsweise durch unsachgemäße oder feuchte Lagerung entstehen können. Aber auch andere natürliche Substanzen, die in der Bevölkerung oft als harmlos angesehen werden, sind häufig toxisch. Was wir an natürlichen toxischen und mutagenen Substanzen in Pflanzen aufnehmen, liegt ein Vielfaches über der Menge an »künstlichen« Chemikalien.

Und wie steht es mit Acrylamid?
Greim: Das ist in der Tat eine kanzerogene Substanz, die bei der Zubereitung von Nahrungsmitteln bei hohen Temperaturen entsteht. Das ist gegenwärtig nicht zu vermeiden, denn Acrylamid entsteht beim Kochen, Braten oder Frittieren aus den Bestandteilen des Mehls, die man nicht entfer-

nen kann. Es bleibt nur, den Verbrauchern Zubereitungsempfehlungen zu geben, die eine Entstehung von Acrylamid verringern. Also nicht zu sehr erhitzen und beispielsweise lieber größere Pommes verwenden, weil die im Verhältnis zur Menge eine kleinere Oberfläche haben, an der sich die Substanz bildet. Aber auch hier gilt: Es kommt zweifellos zu einer Belastung, über tatsächliche Krankheitsfälle im Zusammenhang damit ist aber nichts bekannt.

Acrylamid gab es also auch schon zu Omas Zeiten, nur wusste keiner was davon …
Greim: Die Lebensmittel in der sogenannten guten alten Zeit waren eher ungesünder als unsere heutigen. Es gab zum Beispiel immer wieder Mutterkornvergiftungen durch befallenes Getreide, und die Ernährung war viel einseitiger als heute. Hinzu kamen bakterielle Verunreinigungen durch mangelnde Hygiene. Außerdem konnten sich viele unsere heutige Mischkost mit Fleisch, Fisch, Obst und Gemüse gar nicht leisten. Die Krebsraten liegen heute vor allem deshalb höher, weil die Menschen älter werden. Krebs braucht 20 bis 30 Jahre, um sich zu entwickeln, so ein Alter haben unsere Vorfahren oft gar nicht erreicht. Und in vielen Entwicklungsländern ist das heute noch so.

Wie steht es denn aus Sicht der Toxikologie mit Bionahrung, ist die gesünder?
Greim: Wenn ich keine Pflanzenschutzmittel anwende, dann kommen diese auch nicht in die Umwelt. Das ist zunächst mal unstrittig und zu begrüßen. Aber nach allem, was ich vorher zur täglich duldbaren Aufnahme von Substanzen und zu den zulässigen Höchstmengen gesagt habe, die in der Regel nicht erreicht werden, sehe ich keinen Unterschied

zur Ernährung mit herkömmlich erzeugten Lebensmitteln, toxikologisch spielt das jedenfalls keine Rolle. Aber es mag vielen ein besseres Gefühl geben. Ich kaufe kein Bio und meine Frau auch nicht, die ist allerdings auch Toxikologin.

Haben Sie darüber hinausgehend noch ein paar praktische Handreichungen für den Alltag?
Greim: Was Nahrungsmittel anbetrifft, empfehle ich eine vielfältige und variationsreiche Kost. Wenn dann mal irgendwo etwas drin ist, was nicht drin sein sollte, ist das nicht so schlimm, weil man ja abwechselt. Wer sich einseitig mit immer den gleichen Produkten ernährt, geht dagegen ein größeres Risiko ein, höher belastet zu werden. Aber vielleicht sollte man auch einmal auf andere Belastungsquellen achten wie brennende Kerzen auf dem Tisch. Die Toxikologie schaut derzeit sehr genau bei der Luftbelastung hin und das besonders in Innenräumen, wo sie zumeist höher ist als draußen. Der durchaus sinnvolle Trend zum Energiesparen geht mit immer besser isolierten, dafür aber immer schlechter belüfteten Innenräumen einher. Wir messen in Innenräumen über Tausend Chemikalien, neben dem Rauchen ist zum Beispiel alles das problematisch, was sonst noch brennt. Offene Kamine, Kerzen, Räucherstäbchen, Öllämpchen mit Duftstoffen und dergleichen sind erhebliche Emissionsquellen. Ich will Ihnen jetzt nicht ein Abendessen bei Kerzenschein ausreden, sondern nur darauf hinweisen, dass unser Essen auf dem Tisch, zumindest was Chemikalien angeht, das geringste Problem darstellt.

4

IST BIOLANDWIRTSCHAFT
BESSER FÜR DIE UMWELT?

Die wichtigsten Fakten in Kürze:

- Auf Biohöfen herrscht größere Artenvielfalt als in konventionellen Betrieben.
- Doch für den gleichen Ertrag muss mehr Naturland in Agrarflächen umgewandelt werden.
- Ohne Kunstdünger müsste die Zahl der Nutztiere verfünffacht werden, um den notwendigen Dung zu erzeugen.
- Zu viel Stickstoff im Boden ist die Hauptursache für den Artenrückgang in Deutschland. Hier gibt es zwischen Bio und konventionell kaum Unterschiede.
- Die Energiebilanz des Biolandbaus ist nicht besser.
- Aus Übersee importierte Agrarprodukte haben oftmals eine bessere Energiebilanz als einheimische.
- Die Nutztiere im Biolandbau brauchen mehr Futter (Fläche) und scheiden mehr Fäkalien aus.
- Moderne Pestizide spielen für den Artenrückgang kaum eine Rolle.
- Biologische Schädlingsbekämpfung ist ökologisch problematischer als moderne Pestizide.

Auf den ersten Blick beherbergt der Lindenhof nur eine Tierart: Rinder. Auf den zweiten bemerkt man – besonders an warmen Frühlingstagen – zahlreiche andere Lebewesen: Tierische Untermieter, die in den Gebäuden und auf den Feldern wohnen. Im Gartenteich quaken Frösche, über die Hofmauer huschen Eidechsen. Buchfinken, Stieglitze, Stare und Spatzen geben ein lautstarkes Konzert. Schwalben sausen durch die Luft, im Obergeschoss der Scheune dösen Fledermäuse und Schleiereulen und ein Roter Milan kreist über den Dächern.

Mitten in der ausgeräumten Landschaft des Braunschweiger Hügellandes wirken die Äcker und Wiesen des Lindenhofes wie Oasen. Hecken und Bäume umsäumen die Wirtschaftsflächen. Auf den fruchtbaren Böden dieser Region nutzen die Landwirte normalerweise jeden Quadratmeter aus, um Weizen oder Zuckerrüben zu pflanzen. Da bleibt kein Platz für wilde Tiere. Hase, Rebhuhn und Lerche haben den Rückzug angetreten. Doch die Biobauern vom Lindenhof pflanzen Bäume, wo es geht. Nicht nur, damit die Kühe im Schatten ruhen können, sondern auch als Nistgelegenheiten für Steinkauz und Nachtigall. Der Lindenhof ist ein wirtschaftliches Unternehmen, kein ökologisches Freilandmuseum. Vögel, Schmetterlinge und Frösche können dennoch gut dort leben, weil sie den Bäuerinnen und Bauern willkommen sind. Sie legten Hecken an, schufen Brutplätze für Vögel und Insekten und förderten die Ansiedlung seltener Pflanzen. Entlang der Feldwege liegen Ackerrandstreifen brach, die Wildpflanzen, Käfern und anderen Kleintieren als Rückzugsgebiet dienen.

Vögel mögen Biobauern. Feldlerche, Goldammer und zahlreiche andere Vogelarten plädieren für Bioäcker, indem sie sich bevorzugt dort niederlassen. Artenzählungen in verschiedenen europäischen Ländern haben das belegt. Biobetriebe wirken oftmals wie Refugien für wilde Tiere und Pflanzen inmitten monotoner Agrarflächen. Auf solchen grünen Inseln leben im Durchschnitt nicht nur mehr Singvögel, sondern auch mehr Laufkäfer, Schmetterlinge, Spinnentiere, andere Kleinlebewesen und Wildkräuter. Dänische Wissenschaftler verglichen die Vogelvielfalt auf unterschiedlich bewirtschafteten Landwirtschaftbetrieben. Ergebnis: 35 von 48 untersuchten Vogelarten kamen auf Bioäckern häufiger vor.

Zu einem Teil hat das mit den Anbaumethoden der Biobauern zu tun. So zeigte eine Studie in Norddeutschland, dass etliche Vogelarten von Stoppelfeldern angezogen werden. Auch die Winterbegrünung der Äcker wirkt sich positiv aus. Beides kam bei den untersuchten Biobetrieben häufiger vor als bei den konventionell wirtschaftenden Nachbarn. Ob auf der Wirtschaftsfläche selbst nach Biorichtlinien gearbeitet wird oder nicht, hat jedoch weniger Einfluss auf die Artenvielfalt als die Grünstreifen, welche die Felder umrahmen. Entscheidend ist: Gibt es Feldraine, Hecken, Ackerrandstreifen, kleine Wäldchen, Gräben und Tümpel zwischen den Wirtschaftsflächen? Solche Landschaftselemente sind für Vögel und andere Wildtiere bedeutende Lebensräume. Zu den Methoden des Biolandbaus besteht nur ein indirekter Zusammenhang. Wie die Bauern des Lindenhofes sind viele Biolandwirte auch Naturfreunde. Sie pflanzen Heckenreihen, anstatt sie wie ihre weniger sensiblen Kollegen umzuhacken, damit die Flur möglichst maschinengerecht zugerichtet ist. Allerdings gibt es nicht wenige moderne Landwirte, die ebenfalls ein Herz für die Natur haben und zwischen ihren Ackerflächen für landschaftliche und ökologische Abwechslung sorgen.

Die Größe der Schläge ist dabei nicht entscheidend. Entgegen einer verbreiteten Annahme sind die in Süddeutschland vorherrschenden kleinteiligen Strukturen nicht grundsätzlich besser für Vögel und andere Wildtiere. Wer vom Flugzeug aus die oberbayerische Landschaft betrachtet, sieht zwar mehr kleine Felder als im Norden, doch auch viel weniger Sträucher und Bäume zwischen den Wirtschaftsflächen. Eine vergleichende Untersuchung aus den Neunzigerjahren kommt zu dem Schluss, dass große Felder »jedem ökologischen Vergleich mit kleinen Getreideschlägen in einem reich gegliederten Agrarraum standhalten«.

Manche typische Biomethoden können sogar schädlicher für die Natur sein als die üblichen Arbeitsweisen. So müssen Biobauern, weil sie auf chemische Unkrautmittel verzichten, unerwünschten Pflanzenwuchs mit mechanischen Geräten aus der Erde reißen. Dabei geraten auch die Nester am Boden brütender Vögel unter die Räder. Regenwürmer und andere Lebewesen, die das Erdreich auflockern, werden durch mechanische Einwirkungen ebenfalls stärker beeinträchtigt als durch chemische. Der Druck schwerer Maschinen verdichtet den Boden und verschlechtert dadurch den Lebensraum der unterirdischen Kleintierwelt. Auch dieser Effekt hat mit Bio oder Nicht-Bio wenig zu tun. Entscheidend sind die technischen Unterschiede der Landmaschinen, zum Beispiel die Reifenbreite und der Reifendruck. Am allerbesten für die Lebensvielfalt des Bodens ist jedoch eine Methode, die im Biolandbau verpönt ist: Säen, ohne zu pflügen. Dieses Direktsaat (Englisch: conservation tillage) genannte Verfahren ist in Nordamerika weitverbreitet. Die Bauern benutzen dafür Saatgut, das gegen ein bestimmtes Herbizid immun ist. Dieses Herbizid wird zusammen mit der Saat auf dem Feld verteilt und tötet alle unerwünschten Pflanzen auf dem Acker ab. Sie verdorren und bleiben als Schutzschicht liegen, während die Saat keimt. Kein Pflug beeinträchtigt das Bodenleben. Das Gift zerfällt nach kurzer

Zeit von selbst und wird unschädlich. Die Erosion wird dadurch um 65 bis 95 Prozent verringert, die nützlichen Bodenbakterien und Regenwürmer nehmen zu. Doch diese chemische Lösung widerspricht den Richtlinien des Biolandbaus und obendrein sind die herbizidtoleranten Sorten oftmals mithilfe der Gentechnik entwickelt worden.

Es gibt also ein paar Fragezeichen in der Beziehung von Naturschutz und Bioanbau. Doch in der Regel finden Wildtiere und Wildpflanzen auf Biobetrieben leichter eine Nische als anderswo. Ist Bio also die Lösung zur Rettung der Artenvielfalt?

Seitdem die Nachfrage nach Bioprodukten rasant ansteigt und immer mehr Agrarunternehmen diesen Markt beliefern, nimmt auch die ökologische Kritik zu. »Plötzlich präsentiert sich die Szene wie jene, gegen die sie einst antrat«, schrieb *Der Spiegel*, »mit Riesenanlagen für 30 000 Hühner, Landschaften unter Plastikgewächshäusern, Monokulturen in China und Shrimpsbecken in Vietnam, wo früher einmal Mangrovenwälder wuchsen. Alles Bio, oder was?« Das liest sich schön schrecklich, trifft aber nicht den Kern des ökologischen Problems, das der Biolandbau mit seinen antiquierten Methoden beim besten Willen nicht lösen kann: Der gegenüber der modernen Landwirtschaft wesentlich höhere Flächenverbrauch.

Weltweit sind Naturlandschaften, Pflanzen und Tiere bedroht. Besonders der anhaltende Verlust der tropischen Wälder ist eines der schlimmsten Umweltprobleme der Gegenwart. Wie viele Insektenarten und andere Kleinlebewesen dort tatsächlich verloren gehen, ist unter Wissenschaftlern umstritten. Unumstritten ist jedoch, dass die tropischen Wälder seit Jahrzehnten schrumpfen. In Lateinamerika, Afrika und Südostasien werden Jahr für Jahr mehrere Millionen

Hektar Wald gerodet und in landwirtschaftliche Flächen umgewandelt. Obwohl es auf der Welt inzwischen über 12 000 Nationalparks und andere größere Schutzgebiete gibt, gehen besonders in armen Ländern weiterhin tagtäglich Naturlandschaften verloren. Nicht allein die Tropenwälder, sondern auch Savannen und andere Wildnisgebiete schrumpfen. Schuld daran sind nicht so sehr die Siedlungen der Menschen. Obwohl im ersten Jahrzehnt des 21. Jahrhunderts 6,6 Milliarden Menschen auf dem Planeten leben, beanspruchen Dörfer, Städte, Straßen und Fabriken nur zirka einundhalb Prozent der Landfläche. Der große globale Landschaftsfresser ist die Landwirtschaft. Etwa die Hälfte der eisfreien Erdoberfläche dient dem Ackerbau oder der Viehzucht, wobei das Weideland bei Weitem überwiegt. Um zu beurteilen, ob eine Landwirtschaftsform ökologisch und nachhaltig ist, muss also die Frage nach dem Flächenverbrauch gestellt werden.

Auch die überzeugten Anhänger des Biolandbaus geben zu, dass ihre Arbeitsweise mindestens ein Drittel mehr Fläche beansprucht als die eines Landwirts, der Kunstdünger und andere Hilfsmittel einsetzt, um gleich viel zu produzieren. Zwar gibt es Studien, die den Flächenverbrauch herunterrechnen. Dass er normalerweise höher ist, bestreiten aber nur wenige. Bei einigen Sonderkulturen ist die Differenz im Landverbrauch extrem. Eine vergleichende Untersuchung von Professor Ken Green und seinem Team an der Manchester Business School stellte fest, dass eine Tonne normale Tomaten auf 19 Quadratmetern Fläche heranreift, während für Biotomaten 122 Quadratmeter nötig sind. Tiere haben auf Biohöfen in der Regel mehr Bewegungsfreiheit, leben länger und wachsen langsamer, wodurch wiederum zusätzliche Ackerfläche für Futter benötigt wird. Die Manchester-

Studie kam zu dem Ergebnis, dass die Produktion von Biomilch 80 Prozent mehr Land erfordert.

Angenommen, alle Bauern der Welt würden auf Bio umstellen, so wäre dies das Ende der Wälder, der Steppen, der Feuchtgebiete und der Wildtiere – ein Desaster für die Natur. Millionen dann frei laufende Hühner und Schweine würden die freien Flächen erobern. Im Jahr 2007 lebten bereits über eine Milliarde Schweine auf der Welt. Frei laufend würden sie ungefähr die Fläche Australiens benötigen, errechnete der amerikanische Agrarwissenschaftler Dennis Avery. Ihre Ausscheidungen würden in kurzer Zeit die Böden zu Sondermüll degradieren. Das ist nur ein Gedankenspiel, keine realistische Option – doch wenn die Apostel des Biolandbaus behaupten, sie hätten eine Lösung für die Ernährungsprobleme der Welt, sollte man die Konsequenzen dieser vermeintlichen Lösung zu Ende denken. Mehr Agrarfläche bedeutet weniger Natur – an diesem Dilemma kommt niemand vorbei. Diesem Argument widersprechen überzeugte Anhänger des Biolandbaus mit dem Hinweis, die Menschheit könne auch vegetarisch leben. Doch die historische Erfahrung spricht dagegen. In allen Kulturen, die zu Wohlstand kommen, steigt die Nachfrage nach Fleisch. Selbst in Indien, obwohl der Hinduismus das Fleischessen ablehnt. Doch nur wenige fromme Hindus halten sich strikt daran. Vegetarismus aus Überzeugung – nicht aus Armut – war immer und überall ein Minderheitenprogramm. Im Übrigen würden auch in einer vegetarischen Welt weiterhin Nutztiere gebraucht, um den Naturdünger für den Bioackerbau zu liefern (darauf kommen wir etwas später zurück).

Nur durch die Intensivierung der Landwirtschaft in den Fünfziger- und Sechzigerjahren war es überhaupt möglich, weltweit Tausende Naturreservate einzurichten. In Nordamerika und Europa schrumpfte die Anbaufläche sogar und Wälder breiteten sich wieder aus. In Asien, Afrika und Lateinamerika wurde die weitere Ausdehnung des Ackerlandes immerhin erheblich gebremst.

Der entscheidende Schritt zu höheren Erträgen auf weniger Fläche war die »Grüne Revolution« in den Sechzigerjahren. Durch neue Getreidesorten und verbesserte Anbautechniken konnten damals die bevölkerungsreichen Länder Asiens ihre Ernten vervielfachen. Seither gab es keine großen Hungersnöte mehr in Indien, einem Land, das zuvor immer wieder von katastrophaler Nahrungsmittelknappheit betroffen war. Auch die Tatsache, dass es heute immer noch wilde Tiger und wilde Elefanten in Indien gibt, die in den vielen Reservaten des Landes überlebt haben, ist diesem Effizienzsprung der Landwirtschaft zu verdanken.

Der Agrarwissenschaftler Norman Borlaug bekam 1970 den Friedensnobelpreis für seinen Beitrag zur Grünen Revolution. Wahrscheinlich hat kein Mensch mehr Leben gerettet als Borlaug und seine Mitstreiter. Die von ihnen in Mexiko entwickelten neuen Hochertragssorten führten in Indien zur Erhöhung der Weizenernte von zwölf auf 76 Millionen Tonnen pro Jahr in vier Jahrzehnten, in Pakistan von 4,5 auf 21 Millionen Tonnen. Sie werden heute auf 80 Millionen Hektar weltweit angebaut.

Trotz dieser unglaublichen Erfolgsgeschichte ist den wenigsten Menschen bewusst, wie viel Natur durch die Intensivierung der modernen Landwirtschaft vor der Umwandlung in Ackerland bewahrt wurde. »Als ich vor 92 Jahren geboren wurde, lebten 1,6 Milliarden Menschen auf der Welt«, sagte uns Borlaug, als wir ihn 2007 interviewten, »nun sind es 6,6 Milliarden und jedes Jahr kommen 75 Millionen neue Erdenbürger hinzu, die essen wollen. Wir können die Uhr nicht zurückdrehen. Mit der Agrartechnik, die 1950 üblich war und die so ziemlich dem Biolandbau von heute entspricht, bräuchten wir 1,1 Milliarden Hektar Ackerfläche mehr, um die 2,2 Milliarden Tonnen Getreide zu erzeugen, die 70 Prozent der Welternährung sicherstellen. Mithilfe von Wissenschaft und Technik haben wir den Ertrag pro Hektar in 50 Jahren verdreifacht. Durch diesen Erfolg musste das Ackerland im gleichen Zeitraum nur um zehn Prozent ausgeweitet werden. Was wäre mit den Wäldern, den Steppen, den Wildtieren geschehen ohne diesen wissenschaftlichen Fortschritt? Alles wäre unter den Pflug gekommen, um das nötige Getreide zu produzieren.«

Die enorme Erweiterung des Ackerlandes, die bei einer globalen Biolandwirtschaft für den Getreideanbau notwendig wäre, würde nicht einmal ausreichen. Ein weiterer Landschaftsfresser käme hinzu. Da Kunstdünger im Biolandbau verboten ist, müsste extra Vieh gehalten werden, um den nötigen Naturdung zu produzieren, ohne den die Felder nicht fruchtbar bleiben. Bereits heute reicht der Naturdünger, der in der Biowirtschaft anfällt, nicht überall aus, um genügend Nährstoffe für den Pflanzenbau bereitzustellen. In manchen Gegenden Nordamerikas nutzen Biofarmer den Dung benachbarter Viehzuchtbetriebe, die mit herkömmlichen Methoden arbeiten. Norman Borlaug hat errechnet, dass die derzeit 1,3 Milliarden Rinder zählende globale Herde verfünffacht oder versechsfacht werden müsste, um den für den Getreideanbau notwendigen Stickstoff auf biologischem Wege zu erzeugen. Doch bereits heute umfassen Äcker und Weiden die Hälfte allen Landes, das nicht von Wüsten oder Eis bedeckt ist. »Der Pflanze ist es schnurzegal«, sagte Borlaug, »ob der Stickstoff, den sie braucht, aus dem Sack mit Kunstdünger kommt oder aus dem Kuhstall. Ohne Kunstdünger könnte die Landwirtschaft weltweit nur 2,5 bis drei Milliarden Menschen ernähren.«

Selbst wenn die Menschheit sich zum Vegetarismus bekehren ließe, könnte die Zahl der Nutztiere nicht vermindert werden, da das Getreide ohne die Nährstoffe aus dem Mist nicht wächst – immer vorausgesetzt Kunstdünger ist verboten. Was ja eines der obersten Gesetze des Biolandbaus ist.

Ende der Neunzigerjahre beauftragte die dänische Regierung eine Forschungskommission mit der Untersuchung der Frage, was passieren würde, wenn Dänemark komplett auf Biolandbau umschaltete. Sie wurde als Birchel-Kommission bekannt, nach dem Namen ihres Vorsitzenden, des ehemaligen Präsidenten der dänischen Gesellschaft für Naturschutz. Ergebnis der Berechnungen: Die Nahrungsmittelproduktion würde um fast die Hälfte sinken. Um den Bedarf an Fleisch, Milch und Naturdünger zu decken, müsste das Weideland um 160 Prozent erweitert werden: das Ende jeglichen Naturschutzes. Außerdem würde die Komplettumstellung auf Biolandbau die dänischen Steuerzahler sehr teuer kommen.

Nicht nur die hohe Zahl der Tiere, die für den Düngerbedarf der Bioäcker benötigt würde, wäre ein Umweltdesaster. Obendrein lehnen die Bioverbände auch die heutigen schnellen Mastmethoden ab. Das ist vollkommen verständlich, wenn man sich ansieht, in welcher Geschwindigkeit heute Schweine und Hühner zur Schlachtreife gebracht werden. Ein Schwein lebt kaum ein halbes Jahr, ein Masthühnchen nur noch etwa fünf Wochen, bis sie ihr Gewicht erreicht haben. Züchterische Auswahl und ausgetüftelte Kreuzungsmethoden brachten schnellwüchsige Rassen hervor, die mit einer in früheren Zeiten unvorstellbaren Geschwindigkeit Futter in Muskelmasse verwandeln. Allerdings benötigen sie dafür große Mengen pflanzliches Eiweiß. Daher sind

Extrakte aus Sojabohnen ein wichtiger Bestandteil des Mastfutters. Für den Sojaanbau werden in Lateinamerika, besonders in Brasilien, Regenwälder gerodet. Unsere Schweine und Hühner fressen den Tropenwald kaputt. Die Kritik an der heute üblichen Schnellmast ist also vollkommen berechtigt.

Andererseits sieht die Umweltbilanz der Nutztiere auf Biobetrieben nicht wirklich besser aus. Bioschweine und Biogeflügel wachsen langsamer und leben länger. Daher verbrauchen sie mehr Futter als ihre intensiv gemästeten Artgenossen. Mehr Futter bedeutet, dass wiederum mehr Ackerfläche benötigt wird. Sie verbrauchen aber auch mehr Wasser und scheiden mehr Fäkalien aus. »Das langsame Wachstum der Schweine bei extensiver Mast belastet die Umwelt stärker als eine Intensivmast«, schreibt der Lebensmittelchemiker Udo Pollmer. »Mit der Mastdauer steigt der Verbrauch an Futter und Trinkwasser, um ein Kilo Fleisch zu erzeugen. Weil die Futterverwertung schlechter ist, scheiden die Tiere mehr Stickstoff und Phosphor aus, die wiederum die Gewässer verunreinigen. In einem konventionellen Mastbetrieb nehmen Schweine 750 Gramm pro Tag zu, in Spitzenbetrieben gar 1400 Gramm. Auf Biolandhöfen beträgt der Zuwachs jedoch nur 500 bis 600 Gramm und in Demeter-Betrieben eher noch weniger ... Überschlagsmäßig braucht man für die gleiche Menge an Biofleisch die doppelte Fläche für den Anbau von Futtermitteln.«

Ein weiterer Umweltaspekt kommt hinzu: Kühe setzen durch ihre Verdauung Methan frei. Da die weniger hoch gezüchteten Rassen auf Biohöfen in der Regel weniger Milch geben, fällt die Methanbilanz pro Liter schlechter aus. Methan wirkt als Treibhausgas 20- bis 30-mal stärker als Kohlendioxid. Vertreter des Biolandbaus halten allerdings dagegen, dass die Hochleistungskühe umweltschädlicher sind, weil sie mehr Soja und anderes Kraftfutter fressen, zu dessen Anbau wiederum viel Dünger benötigt wird.

Besser als Bio wäre in der Fleischproduktion eine Umstellung auf andere Eiweißpflanzen, die nicht aus den Tropen stammen und für die kein Regenwald niedergebrannt wird. Das schnellere Masttempo in konventionellen Betrieben ist jedoch ein Umweltvorteil, denn so wird die gleiche Fleischmenge mit weniger Ressourcenverbrauch und Fäkalienaufkommen erzeugt.

Ein Ausweg aus diesem Dilemma eröffnet die Biotechnologie. Wenn das Futter mit bestimmten Aminosäuren angereichert wird, verwerten es die Tiere wesentlich besser. Aus weniger Soja und Getreide entsteht somit gleich viel Fleisch. Weil die Tiere weniger fressen müssen, scheiden sie auch weniger aus – ein zweiter willkommener Umweltvorteil. Der biologische Hintergrund dieses Effekts: Essenzielle Aminosäuren kann der Körper nicht selbst produzieren, sie müssen durch die Nahrung aufgenommen werden. Die Tiere fressen, bis der Bedarf an diesen Aminosäuren gedeckt ist – und das, obwohl sie von den anderen Nährstoffen im Futter längst genug haben und diese gar nicht mehr verwerten können. Fügt man die mangelnden Aminosäuren hinzu, wachsen die Tiere ebenso schnell, brauchen dafür aber deutlich weniger Futtermittel. Ein Kilogramm der Aminosäure Lysin kann bei der Schweinemast 35 Kilogramm Sojaschrot ersetzen. Doch solche intelligenten Lösungen sind auf Biohöfen tabu. Denn einige dieser Aminosäuren werden in Bioreaktoren mithilfe gentechnisch veränderter Bakterienkulturen hergestellt. Deshalb müssen Biobauern auf die ökologisch vorteilhaften Futterzusatzstoffe verzichten: Dogmatik statt Effizienz.

Wie sieht die Umweltbilanz des Biolandbaus beim Düngen aus? Stickstoff (Nitrogenium), Kalium und Phosphor sind die wichtigsten Nährstoffe, mit denen Ackerböden gedüngt werden müssen, damit das Getreide immer wieder neu heranwächst. Ohne die Zugabe dieser Elemente würden die Böden stetig magerer und schließlich unfruchtbar werden, da die Pflanzen dem Erdreich diese Stoffe stetig entziehen. Früher war es das größte Problem der Landwirtschaft, den Nährstoffgehalt der Böden zu erhalten. Doch durch das Anfang des 20. Jahrhunderts erfundene Haber-Bosch-Verfahren konnte Stickstoffdünger billig und in großen Mengen hergestellt werden. Bald war Dünger in Hülle und Fülle vorhanden, die Knappheit hatte ein Ende. Dadurch drehte sich die Situation komplett um: Heute ist die Überdüngung der Böden eines der größten Umweltprobleme in wohlhabenden Ländern. Zu dem Kunst- und Naturdünger, mit dem die Bauern gezielt ihre Ackerpflanzen versorgen, kommt noch die überschüssige Gülle aus der Massentierhaltung. Sie muss entsorgt werden und wird deshalb oftmals nicht wirklich sinnvoll als Düngemittel eingesetzt, sondern auf Wiesen verspritzt, auf denen ohnehin schon ein Nährstoffüberschuss herrscht. Dieses Zuviel an Nährstoffen – insbesondere Stickstoff – ist die Hauptursache dafür, dass die Vielfalt der Pflanzen, Insekten, anderer Kleintiere und auch der Vögel in Agrargebieten zurückgeht. Magere Weideflächen »gehören zu den am stärksten bedrohten Biotopen in unseren Breiten«, sagt Peter Borgmann, der eine Genbank für seltene Pflanzen im Botanischen Garten Osnabrück leitet. Doch damit nicht genug: Mit der Zeit schwemmt Regen den Stickstoff in die Gewässer, was zu ungesundem Algenwachstum und anderen ökologischen Schäden in Flüssen, Seen und an Meeresküsten führt. »Die Ostsee«, meint Jochen Lamp, Leiter des WWF-Ostseebüros (World Wide Fund for Nature) in

Stralsund, »hat sich in ein trübes, überdüngtes Gewässer vor dem Kollaps entwickelt.« Ein Sechstel des Meeres, eine Fläche von 70 000 Quadratkilometern, habe sich in Todeszonen verwandelt. Das Ostseewasser enthalte heute achtmal mehr Phosphor und viermal mehr Stickstoff als vor 100 Jahren. Trotz früherer Schutzprogramme nehme die Belastung seit zehn Jahren wieder zu. Der Hauptgrund dafür ist ein Nebeneffekt des steigenden Wohlstands in Polen und den baltischen Staaten. Zu kommunistischen Zeiten herrschte dort Düngermangel, jetzt Überfluss wie im Westen. Verrückterweise wird der ökologische Ruin der Ostsee auch noch mit Agrarsubventionen gefördert. Die Landwirtschaft im Ostseeraum erhält 10,4 Milliarden Euro jährlich aus Brüssel.

Biolandwirte setzen auf die Fixierung von Luftstickstoff durch Pflanzen. Diese sogenannten Leguminosen leben in Symbiose mit Wurzelbakterien, binden Stickstoff und bringen ihn in den Boden. Zu den Pflanzen, die das können, zählen beispielsweise Klee, Erbsen und Bohnen. Biolandwirte säen Leguminosen als Untersaaten auf Getreidefeldern und nutzen ihren düngenden Effekt auf viele andere Weisen. Reicht der Pflanzenstickstoff nicht, benutzen sie Tierfäkalien, denn Kunstdünger ist ihnen verboten. Das ist ein ökologischer Nachteil, schreiben die Agrarwissenschaftler Holger Kirchmann (Universität Uppsala) und Megan H. Ryan (Universität West-Australien). Sie legten 2004 eine gemeinsame Untersuchung über die Umweltfolgen der verschiedenen Düngesysteme vor. Ihr Resümee: »Durch die geringere Effizienz der Stickstoffnutzung erhöhen die Methoden des Biolandbaus in Europa die Versickerung von Stickstoff, sowohl pro Flächeneinheit als auch pro Menge erzeugter Nahrungsmittel.« Die beiden Wissenschaftler kommen zu dem Schluss: »Die derzeitige Propagierung der Bioanbaumethoden ungeachtet der Umweltfolgen bedeutet, dass Biolandbau ein Ziel an sich geworden ist. Diese Herangehensweise ist ideologisch und nicht wissenschaftlich und grenzt andere, effektivere Lösungen der Umweltprobleme aus, welche die Landwirtschaft gegenwärtig plagen.«

Andere Untersuchungen zur Stickstoffauswaschung stellten dem Biolandbau ein weniger schlechtes Zeugnis aus, kamen jedoch ebenfalls nicht zu dem Ergebnis, dass organische Düngung ökologisch vorteilhaft sei. Die beiden Forscher Anette Prior und Wilfried Werner veröffentlichten 1998 eine Studie, aus der hervorgeht, dass die Nitratbelastung pro Hektar im Biolandbau meist geringer ist. Umgerechnet auf den Ertrag schneidet die moderne Landwirtschaft jedoch besser ab. Eine Untersuchung der Wasserwerke Hameln aus dem gleichen Jahr ergab keine gravierenden Unterschiede zwischen Bioanbau und Gebieten, wo Kunstdünger zum Einsatz kam. Auch das GSF-Institut für Hydrologie kam im Jahr 2002 zu dem Schluss: »Bio oder Nicht-Bio ist für den Grundwasserschutz ziemlich egal.« Die Forscher des Instituts hatten auf dem bayerischen Versuchsgut Scheyern untersucht, auf welchen Wegen die Landwirtschaft die Grundwasserqualität beeinflusst.

Auch beim Energieverbrauch geraten die populären Annahmen über Biolandbau und die Vorteile regionaler Lebensmittel ins Wanken, sobald man die Ökobilanzen genauer unter die Lupe nimmt. Ein Team der Manchester Business School hat dies getan und die Umweltbilanz von 150 der am stärksten nachgefragten Produkte britischer Supermärkte erstellt. Sie bezogen alle ökologischen Folgewirkungen vom Acker bis zur Ladenkasse mit ein, von motorisierten Erntemaschinen bis zur Einzelhandelsverpackung. Resultat: Man kann nicht generell sagen, dass lokale Lebensmittel die bessere Umweltbilanz besitzen. Mal ist es so und manchmal stimmt das Gegenteil.

Der allergrößte Teil des Obstes und Gemüses aus Übersee kommt nicht mit dem Flugzeug, sondern mit dem Schiff nach Europa. Schiffe verbrauchen im Vergleich mit anderen Transportmitteln sehr wenig Energie. Die dänische *Emma Maersk*, das größte Containerschiff der Welt, könnte theoretisch auf einer einzigen Fahrt 528 Millionen Bananen transportieren.

Ein ökologisch begründeter Rückzug auf heimische Produkte hätte auch ziemlich brutale soziale Folgen. Das International Institute for Environment and Development (IIED) errechnete, dass allein die Briten mit ihrem Konsum von Obst und Gemüse zum Lebensunterhalt von mehr als einer Million Afrikaner beisteuern. Als im Jahr 2007 in England eine erregte öffentliche Debatte um sogenannte »food miles« (Transportwege von Lebensmitteln) aufkam, titelte die kenianische Zeitung *The Nation*: »Wie britische Konsumenten Kenia schaden.« Die kenianischen Farmer argumentierten, dass sie keine Gewächshäuser beheizen müssten und daher umweltfreundlicher produzierten als britische Gemüsebauern. Experten des IIED betonten, dass der Transport aus Übersee viel geringer zu Buche schlagen würde als die »food miles« im Land der Endverbraucher. Die kurzen Wege mit kleinen Mengen in kleinen Transportfahrzeugen und auch die Wege der Käufer zum Markt und zurück verbrauchten ein Vielfaches an Energie.

Ein anderer oft vernachlässigter Faktor bei der Umweltbilanz von Lebensmitteln ist die Zubereitung zu Hause. Zum Beispiel haben fertige Kartoffelpüreeflocken in der Tüte wesentlich mehr Energie auf dem Konto als frische Kartoffeln vom Acker aus der Nachbarschaft. Doch das dreht sich um, sobald die Kartoffeln am heimischen Herd gekocht werden. Das Erhitzen im Topf frisst mehr Energie als alle anderen Verarbeitungsschritte. Nach dem Kochen mutiert das Fertigpüree zum Energiespargericht.

Auch Professor Elmar Schlich von der Universität Gießen untersuchte die Umweltbilanz von Nahrungsmitteln. Das Spezialgebiet des Wissenschaftlers ist die Prozesstechnik in Lebensmittelbetrieben. Schon vor den britischen Forschungen überprüfte er mit seinem Team, ob regionale Produkte tatsächlich weniger Energie verbrauchen als solche, die aus anderen Weltgegenden importiert werden. Sein Fazit: »Es stimmt einfach nicht, dass regional erzeugte Lebensmittel beim Energieverbrauch generell besser sind.« Lammfleisch aus Neuseeland kommt beispielsweise per Schiff nach Europa. Das kostet nicht viel Treibstoff. Positiv wirkt sich aus, dass die Schafe dort ganzjährig im Freien leben und nur einmal zusammengetrieben und zum Schlachthof gefahren werden, der am Hafen liegt. In Deutschland hüten Schäfer oder Landwirte viele kleine Herden und fahren mit ihren Autos durch die Gegend, um die Tiere zu betreuen. Im Winter stehen die Schafe in beheizten Ställen und auch die Schlachthöfe verbrauchen in der kalten Jahreszeit eine Menge Öl, Gas oder Kohle, damit die Arbeiter nicht frieren. Die Wissenschaftler um Elmar Schlich verglichen auch Fruchtsäfte aus Brasilien mit hiesigen Erzeugnissen und kamen zu dem gleichen Ergebnis wie beim Lammfleisch: Heimische Produkte verbrauchten mehr Energie. Neben dem günstigen Klima schlägt in Übersee ein anderer Faktor entscheidend zu Buche: Die schiere Größe der Farmen und Plantagen. »Es gibt da einen eindeutigen Zusammenhang«, sagt Schlich, »je größer die Betriebe, desto günstiger die Energiebilanz.«

Als der Gießener Professor seine Untersuchungen durchführte, stand Bio noch für regional. Diese Verknüpfung entspricht jedoch immer weniger der Realität. Der steile Anstieg der Nachfrage seit dem Jahr 2000 hat dazu geführt, dass auch Bioprodukte zu einem großen Teil importiert werden. Die meisten Bioäpfel, die im Jahr 2007 in Deutschland verkauft wurden, stammten aus Plantagen in Argentinien, China oder Südafrika. Die Frage muss also neu gestellt werden: Gelten die Gießener Resultate auch, wenn man konventionell erzeugte deutsche Äpfel mit importiertem Bioobst vergleicht? Michael Blanke vom Bonner Institut für Obstbau und Gemüsebau untersuchte den unterschiedlichen Energieverbrauch. Er recherchierte eigens dafür in Neuseeland und kam zu dem Ergebnis, der Bioapfel aus Übersee benötige ein Drittel mehr Energie als ein Nicht-Bio-Apfel aus Meckenheim bei Bonn. Und das, obwohl die deutsche Frucht fünf Monate lang im Kühlhaus gelagert wurde, bevor sie in den Laden kam.

Betrachtet man beide Studien zusammen, könnte das Fazit lauten: Importierte Ware kann umweltfreundlicher sein als heimische – muss aber nicht. Und Bio bietet in dieser Hinsicht keinen Umweltvorteil.

Auch Ken Green und sein Team von der Manchester Business School kamen zu dem Ergebnis, dass Biolandbau nicht unbedingt Energie spart. Sie stellten fest, dass die Aufzucht von Biohühnchen 25 Prozent mehr Energie verbraucht als die konventionelle Mast. Bei Tomaten ist der Energieeinsatz 1,9-mal höher.

Einer der Faktoren, der die Energiebilanz des Biolandbaus verschlechtert, ist der Kraftstoffverbrauch der Traktoren, der zirka ein Viertel höher liegt. Denn durch das Verbot chemischer Unkrautbekämpfung muss der Boden viel intensiver mechanisch bearbeitet werden, der Traktor kommt häufiger zum Einsatz.

Viele Konsumenten wissen nicht, dass auch Biobauern Pestizide spritzen. Sie dürfen lediglich keine synthetisch erzeugten Chemikalien benutzen. Erlaubt sind jedoch pflanzliche Gifte, Mineralöle, Bakterienstämme und auch einige Chemikalien. Besonders auf Kartoffeläckern im Obst- und Weinbau werden Kupferpräparate eingesetzt, die ökologisch bedenklich sind. Albrecht Klein, Leiter des Referats Pflanzenschutz beim Umweltbundesamt, erklärt: »Kupfer ist ein Umweltgift und verträgt sich nicht mit dem Ökogedanken.« Der Kupfereinsatz im Biolandbau sei ein »Riesenproblem«. Denn das Schwermetall ist toxisch für Bodenlebewesen, Fische, Vögel, Säuger und auch Menschen. Dietmar Groß von der Arbeitsgemeinschaft bäuerliche Landwirtschaft kritisiert, dass Kupferpräparate immer häufiger eingesetzt werden. Über den Biokartoffelanbau sagt er: »Die Ausnahme wird so schulterzuckend zur Regel gemacht und wer es nicht tut, hat in diesem Markt keine Chance mehr.«

Massiver Landverbrauch, Gifteinsatz, hoher Energie- und Wasserbedarf, erhöhtes Aufkommen von Fäkalien und Methan: Die Umweltbilanz des Biolandbaus sieht nicht sehr gut aus. Obendrein gibt es noch eine andere schleichende Gefahr, die von Biohöfen ihren Ausgang nimmt und über die nur selten geredet wird: die biologische Schädlingsbekämpfung. Dabei werden Scharen von räuberischen Insekten und Spinnentieren ausgesetzt, die Obst, Gemüse und Ackerpflanzen von Schädlingen befreien sollen. Zwar werden Nebenwirkungen dieser Kampf-Insekten vor dem Einsatz nach gesetzlichen Vorgaben geprüft. Dennoch liegt im vertrauensvollen Umgang mit ihnen ein seltsamer Widerspruch. In den Erklärungen der Bioverbände gegen die Pflanzen-Gentechnik wird in grellsten Farben davor gewarnt, neue Organismen freizusetzen, selbst wenn diese vorher gründlich getestet wurden. Im Biolandbau werden jedoch landauf, landab fremde Organismen freigesetzt, ohne dass sich die Öffentlichkeit darüber aufregt. Dabei sind bereits ökologische Schäden nachweisbar.

Eine Schweizer Studie brachte an den Tag, dass eine häufig eingesetzte, aus Moldawien stammende Schlupfwespenart unerwünschte Nebenwirkungen zeigt. Sie verdrängt heimische Schlupfwespen und fällt harmlose Schmetterlinge an. Eigentlich sollen die räuberischen Tierchen den Maiszünsler in Schach halten, ein im Maisanbau gefürchtetes Schadinsekt. Die importierten Schlupfwespen parasitieren die Eier des Schädlings. Zu diesem Zweck werden pro Hektar zirka 10 000 moldawische Schlupfwespen ausgesetzt. Doch wenn sie diesen Job erledigt haben, lösen sie sich nicht in Luft auf. Sie breiten sich aus und zerstören die Eier von Schwalbenschwanz, Schachbrettfalter und anderen Schmetterlingen. In der Umgebung des Einsatzgebiets schrumpft der Bestand heimischer Schlupfwespenarten. Würden auf Feldern mit gentechnisch veränderten Pflanzen ähnliche ökologische Folgen entstehen, wären Gentechnikgegner und Medien in Aufruhr.

Auch eine asiatische Marienkäferart, die im konventionellen Gartenbau (und nicht im Biolandbau) eingeführt wurde, entwickelte sich zur Landplage. Die Gärtner setzen sie gegen Blattläuse ein. Doch sie fressen auch die Eier und Larven von heimischen Marienkäferarten, von Schmetterlingen und von nützlichen Insekten wie beispielsweise Gallmücken. »Ein Paradebeispiel für ein biologisches Kontrollmittel, das zur Plage für die Menschen wird«, nannte die amerikanische Fachzeitschrift *Journal of Insect Science* die importierten Asienkäfer. »Die Eigenschaft ›biologisch‹«, schreibt Udo Pollmer, »ist keineswegs gleichbedeutend mit

›ökologisch neutral‹ ... Jede Methode erfordert eine kritische Risikoabwägung, egal ob sie vom Zeitgeist gerade ihre Heiligsprechung oder Verdammung erfahren hat. Sonst könnte es sein, dass der Bioanbau als größeres Umweltrisiko am Pranger steht als die chemische Industrie.«

5

»KUNSTDÜNGER IST SOGAR ÖKOLOGISCH VORTEILHAFT«

Interview mit Professor Josef H. Reichholf

Der Zoologe Josef H. Reichholf lehrt an beiden Münchner Universitäten und forscht an der Zoologischen Staatssammlung Bayerns, wo er die Wirbeltierabteilung leitet. Reichholf, geboren 1945 in Niederbayern, ist einer der bekanntesten Ökologen und Evolutionsbiologen im deutschsprachigen Raum und engagiert sich seit Jahrzehnten im Natur- und Artenschutz. Mit Bernhard Grzimek, Horst Stern und Hubert Weinzierl gehörte er in den frühen Siebzigerjahren zur »Gruppe Ökologie« und war lange Zeit in leitenden Funktionen des WWF aktiv, zuletzt als Mitglied des Stiftungsrates. Neben seiner wissenschaftlichen Arbeit schrieb Reichholf mehr als ein Dutzend populäre Bücher, darunter den Bestseller *Eine kurze Naturgeschichte des letzten Jahrtausends*. Reichholf setzt sich für Naturschutz auf Grundlage wissenschaftlicher Erkenntnisse ein und kritisiert gefühlsbetonten und ideologisch motivierten Umwelt-Aktivismus, den er als »Ökologismus« bezeichnet. Zu seinen Arbeitsschwerpunkten gehören der tropische Regenwald, die Ökologie der Städte und die Auswirkungen der Landwirtschaft auf Böden, Gewässer, Pflanzen und Tiere. Er zählte zu den Ersten, die den rasanten Anstieg der Artenvielfalt in Städten untersuchten und dieses Thema in die Öffentlichkeit brachten. Seit vielen Jahren warnt er vor den schwerwiegenden ökologischen Veränderungen, die durch die Landwirtschaft, insbesondere durch Massentierhaltung und Güllewirtschaft, ausgelöst werden. Reichholf wurde vielfach ausgezeichnet, unter anderem mit der Treviranus-Medaille des Verbandes deutscher Biologen und dem Sigmund-Freud-Preis der Deutschen Akademie für Sprache und Dichtung.

Viele Faktoren verändern das Gesicht unserer Erde: Industrie, Verkehr, Städte. Welchen Rang nimmt die Landwirtschaft dabei ein?

Reichholf: Landwirtschaft ist mit weitem Abstand der wirkungsvollste Eingriff in den Naturhaushalt der Erde. Die globalen ökologischen Schäden, die davon ausgehen, übersteigen zum Beispiel die Wirkungen des Autoverkehrs um ein Mehrfaches. Landwirtschaft belastet die Atmosphäre mit Methan, das als Verdauungsabgas von Wiederkäuern freigesetzt wird, und mit Lachgas, das aus Reisfeldern aufsteigt. Dazu kommt die Abholzung von Waldgebieten in den Tropen, in denen Kohlendioxid gespeichert ist. Dort wird ja gerodet, um weitere Agrarflächen zu gewinnen. Oftmals für den Anbau von Futtermitteln, die nach Europa exportiert werden, um das Stallvieh damit zu mästen. Unser Stallvieh frisst die Tropenwälder. Häufig werden die Tropenwälder aber auch ganz direkt für die Rinderzucht gerodet.

Welche Formen der Landwirtschaft zerstören die Tropenwälder?

Reichholf: Die Hauptursache für die Rodung ist der großflächige Plantagenanbau. In Südamerika geschieht das vornehmlich für Sojabohnen und Zuckerrohr, in Südostasien und Westafrika für Palmöl. Es heißt immer, die Zerstörung der Tropenwälder gehe auf das Bevölkerungswachstum zurück. Das ist falsch. Es sind nicht die armen Kleinbauern, die den Wald am stärksten zerstören. Wenn sie es tun, dann meistens, weil sie von der Plantagenwirtschaft an die Waldränder gedrängt werden und dort nur durch Brandrodung ein Stück Ackerland gewinnen können. Die meisten Länder, in denen Tropenwald zerstört wird, haben eine sehr geringe Bevölkerungsdichte. Brasilien, wo alljährlich zwischen 1,5 und 2,5 Millionen Hektar Wald vernichtet werden, hat nur ein Zehntel der Besiedlungsdichte von Deutschland. Und Deutschland ist zu einem Drittel bewaldet.

Wie viel Erdoberfläche steht heute unter dem Regime der Landwirtschaft?

Reichholf: Abgesehen von den Eis- und Hitzewüsten sind so gut wie alle Flächen, die überhaupt genutzt werden können, einer landwirtschaftlichen Nutzung unterworfen. Zwei Drittel davon sind Weideland, der Rest Ackerland. Man kann noch Weiden in Äcker umwandeln, aber das Weideland lässt sich nicht mehr nennenswert ausweiten. In den Steppen und Savannen, die heute noch Wildtieren zur Verfügung stehen, herrschen größtenteils klimatische Bedingungen, unter denen die Nutztiere des Menschen nicht existieren können.

Nach diesem globalen Überblick, wie stark ist der Einfluss der Landwirtschaft auf die Ökologie bei uns in Mitteleuropa?

Reichholf: In Mitteleuropa wirkt der Faktor Landwirtschaft noch stärker als im globalen Durchschnitt. Die größten von der Landwirtschaft verursachten Probleme sind der Rückgang der Artenvielfalt und die Belastung der Gewässer.

Aber deutsche Kläranlagen und Wasseraufbereitungstechniken sind doch weltweit führend ...

Reichholf: Ja, was die Abwässer der Siedlungen betrifft. Aber die Stallviehhaltung produziert zwei- bis dreimal mehr als die 82 Millionen Menschen. Die anfallende Fäkalienmenge des Landkreises Vechta mit seinen vielen Schweine- und Hühnerställen entspricht der von Berlin. Die Abwässer aus der Landwirtschaft werden aber nicht über Kläranlagen gereinigt, sondern in der Landschaft verteilt. Das in Deutschland reichlich vorhandene Grundwasser entspricht in vielen Gebieten nicht mehr den internationalen Standards für Trinkwasser. Die Trinkwasseraufbereitung wird auf die Steuern zahlenden Bürger abgewälzt, die sie bezahlen müssen.

Wie stark ist der Einfluss der Landwirtschaft auf die Artenvielfalt?

Reichholf: Wenn Sie die Arten auf den Roten Listen betrachten und nach den Gefährdungsursachen suchen, dann sehen Sie, dass in weit über 90 Prozent der Fälle die Ursachen mit Landwirtschaft zu tun haben. Industrie, Straßenbau und Verkehr spielen demgegenüber fast gar keine Rolle mehr. Wenn Sie die Kleintiere weglassen, weil die nicht in allen Bundesländern erfasst werden und somit die Zahlen unsicher sind, dann bringt es die Landwirtschaft immer noch auf 70 bis 80 Prozent.

Also haben all die Jahrzehnte Artenschutz nichts genützt?
Reichholf: Richtig. In Bezug auf die Gefährdungen durch die Landwirtschaft erreichte der Artenschutz nichts. Nur bei den Tierarten, bei denen der Bedrohungsfaktor übermäßige Jagd war, hatte der Artenschutz Erfolge.

Worin besteht denn der negative Einfluss der Landwirtschaft auf die Artenvielfalt?
Reichholf: Der mit großem Abstand wichtigste Faktor ist die Überdüngung der Böden mit Stickstoff. Den Klimamodellen zufolge sollten die Kälte liebenden Arten verschwinden. Das Gegenteil ist jedoch der Fall, Arten, die Wärme brauchen, sind auf dem Rückzug. Warum? Durch den hohen Nährstoffgehalt der Böden wächst die Vegetation im Frühjahr immer üppiger. Im bodennahen Bereich entsteht ein feuchtkaltes Milieu, in dem viele Pflanzen- und Tierarten nicht existieren können. Ein deutliches Zeichen dafür sind die vielen Wiesen, auf denen nur noch der Löwenzahn in Massen blüht. Löwenzahn ist eine der wenigen Blumen, die gut mit sehr nährstoffreichem Boden zurechtkommen.

Warum sind ausgerechnet nährstoffreiche Böden schlecht für die Artenvielfalt? Wenn viele Nährstoffe vorhanden sind, ist dann nicht genug für alle da?
Reichholf: Artenvielfalt ist eine Antwort auf die Konkurrenzsituation, die bei Mangel entsteht. Die Pflanzen spezialisieren sich, um so ein wenig vom Kuchen abzukriegen. Die Vielfalt der Pflanzen fördert wiederum die Vielfalt der Insekten und anderer Tiere, die sie nutzen. Über der sattgrü-

nen, gedüngten Wiese fliegen kaum noch Schmetterlinge. Die meiste Zeit der Evolutionsgeschichte war Mangel der Regelfall. Deswegen sind nur sehr wenige Pflanzen auf fette Böden eingestellt. Durch die Überdüngung bekommen diese wenigen Arten überall die Oberhand. Auf einem Acker ist das kein Nachteil, denn dort will man ja nur die eine Pflanzenart, die man ernten möchte.

Übrigens: Auch tropische Regenwälder, die uns ja geradezu als Symbol der Üppigkeit erscheinen, sind in der Regel nährstoffarm. Die Humusschicht ist extrem dünn und wird von den Bäumen sehr schnell umgesetzt. Durch Nährstoffmangel ist in den Regenwaldgebieten ein Vielfaches der Baumarten entstanden wie auf den guten Böden Europas. Auch dort bildet die pflanzliche Vielfalt die Basis der tierischen.

Welche bekannteren Arten zählen zu den Verlierern der Überdüngung?

Reichholf: Das bekannteste Beispiel ist der Feldhase, der früher überall häufig war. Seine Jungen kommen mit der feuchten Kälte am Boden nicht zurecht. Auch Wildkaninchen sind weithin verschwunden, weil es ihnen zu nass geworden ist. Sie leben jetzt hauptsächlich in Städten. Alle Eidechsen und Schlangen müssen heute als gefährdet eingestuft werden, weil ihnen trockene Lebensräume fehlen. Auch die rückläufigen Bodenbrüter und Wiesenbrüter, wie Rebhuhn, Brachvogel, Kiebitz oder Feldlerche, gehören dazu. In der EU wird viel Geld ausgegeben, um diese Vögel zu erhalten. Doch das nützt alles nichts, wenn die Küken nach dem Schlüpfen vor einer Wand aus Pflanzen stehen, für die sie ein Buschmesser bräuchten, um durchzukommen. Der Mangel an mageren Wiesen ist in Mitteleuropa das bei Weitem größte Artenschutzproblem. Die wenigen, die es davon noch gibt, liegen meistens außerhalb der Agrarflächen, zum Beispiel in Industriebrachen, an Gleisanlagen, Flugplätzen. Dort finden Sie die Arten, die im ländlichen Bereich verschwunden sind.

Gibt es auch Profiteure der Überdüngung?
Reichholf: Ja sicher, den Löwenzahn habe ich schon erwähnt. Rehe und Wildschweine gehören auch dazu. Sie vermehren sich durch das reichhaltige Futterangebot so gut, dass die Jäger es nicht mehr schaffen, sie nennenswert zu vermindern. Früher waren Hasen viel häufiger als Rehe, heute ist es umgekehrt.

Neben der Überdüngung – welche anderen Einflüsse der Landwirtschaft beeinträchtigen die Artenvielfalt?
Reichholf: Ein weiterer Faktor ist sicherlich der Strukturverlust in der Landschaft, der mit der Flurbereinigung einsetzte. Damals in den Sechzigerjahren zerstörte man die Hecken, die kleinen Bauminseln, die verschlungenen Bachläufe mit ihren Uferbäumen. Doch selbst dieser Strukturverlust hätte allein nicht zu dem Rückgang der Artenvielfalt geführt, den wir heute beobachten, wenn nicht die Überdüngung hinzugekommen wäre. Auch große, eintönige Flächen – wie die Puszta in Ungarn – können durchaus artenreich sein.

Hatte die Landwirtschaft in früheren Zeiten einen geringeren Einfluss auf die Artenvielfalt oder nur einen anderen?
Reichholf: Sie hatte einen anderen Einfluss und der war quantitativ sogar größer als heute. Denn früher, in den Zei-

ten des Mangels, musste jeder Quadratmeter Boden genutzt werden. Das Vieh trieb man in die Wälder, damit es sich von Eicheln und Bucheckern ernährte. Wald und Flur wurden über viele Jahrhunderte hinweg ausgemagert. Das führte zu einer hohen Artenvielfalt. Aber die meisten Arten kamen nur in geringen Beständen vor. So seltsam das klingen mag, aber ökologisch betrachtet ist die Landwirtschaft im 19. Jahrhundert intensiver betrieben worden als gegenwärtig. Heute ist die Landwirtschaft konzentrierter, die ertragsarmen Randlagen werden mehr und mehr aufgegeben.

Seit wann gibt es das Überdüngungsproblem?
Reichholf: Es begann in den Siebzigerjahren, kurz nach der Flurbereinigung. Bis dahin wurden den Böden durch die alljährliche Ernte mehr Nährstoffe entzogen, als sie durch Stallmist-Düngung zurückbekamen und neu bilden konnten. Seither übersteigt die Stickstoffdüngung bei Weitem das, was die Ackerpflanzen aufnehmen können – im gesamtdeutschen Durchschnitt um rund 100 Kilogramm pro Hektar und Jahr. Die Böden werden also immer nährstoffreicher. Der Stickstoff ist zum Erstickstoff für die Natur geworden.

Ist der Kunstdünger schuld?
Reichholf: Viel eher der Naturdünger, der ja heute hauptsächlich in Form von Gülle anfällt. Die Ausbringung der Gülle erfolgt aus praktischen Gründen ausgerechnet zu den Zeiten, wo die Pflanzen am wenigsten damit anfangen können. Es sind hauptsächlich drei Termine: Zum Winterende, also vor Beginn des Pflanzenwachstums, weil da die Tanks voll sind. Im Sommer nach der Ernte, weil man auf den abgeernteten Flächen die Gülle besser ausbringen kann. Und im Spätherbst, um die Depots vor dem Winter zu leeren.

Ist das Stickstoffproblem in der Biolandwirtschaft weniger schlimm?
Reichholf: In der Regel nicht. Auch die Biobauern müssen kräftig düngen, um einen ausreichenden Ertrag zu erzielen. Dass sie es mit Tierdung und anderen organischen Stoffen tun, bringt keinen ökologischen Vorteil. Stickstoffauswaschungen sind im Biolandbau ebenso üblich wie auf den konventionell bewirtschafteten Feldern.

Biolandbau ist in dieser Hinsicht also nicht besser?
Reichholf: Kunstdünger ist sogar ökologisch vorteilhaft. Mineralischer Dünger kann besser dosiert werden als Tierfäkalien – egal ob sie Bio sind oder nicht. Mit den heutigen technischen Methoden kann der Landwirt die Düngemittel sehr präzise applizieren und exakt zur richtigen Zeit ausbringen, damit die Pflanzen die Nährstoffe optimal aufnehmen können. Dadurch verbleibt weniger Stickstoff im Boden, und es gibt weniger Auswaschung in die Bäche und ins Grundwasser.

Ist die Freilandhaltung der Nutztiere ökologisch ein Vorteil?
Reichholf: Ja und nein. Wenn Rinder oder Schafe auf weitläufigen, möglichst wechselnden Flächen grasen, wo sich das Abweiden der Pflanzendecke und das Düngen durch die Tiere in etwa die Waage hält, ist das sicherlich eine sehr umweltverträgliche Form der Tierhaltung. Schweinefreilandhaltung ist ökologisch betrachtet von Nachteil, da die Böden ganz direkt mit Stickstoff überfrachtet werden, der zum größten Teil ausgewaschen wird. Auf einer Schweinekoppel wächst ja nahezu nichts. Wenn man im Stall die Ausscheidungen auffängt, besteht immerhin die Möglichkeit, sie ver-

träglicher zu entsorgen. Bei den Hühnern dauert es länger als bei den Schweinen, bis der Boden stark belastet ist, weil Stickstoff aus Vogelmist nicht so leicht wasserlöslich ist. Aber auf die Dauer passiert das Gleiche.

Es gibt Untersuchungen, dass auf Biohöfen mehr Singvögel und auch mehr Kleintiere leben. Woran liegt das, wenn sich die Stickstoffproblematik nicht viel anders darstellt als bei den konventionellen Höfen?

Reichholf: Auf vielen Biohöfen gibt es mehr Hecken und Gebüsche als üblich und oftmals auch schöne Blumengärten. Das bringt einiges. Ein anderer Faktor ist die Freilandhaltung der Nutztiere. Die halten das Gras kurz, das brauchen manche Vogelarten. Die Großtiere und ihr Mist ziehen auch Insekten an, die wiederum Vögel anlocken. Fast alle Singvögel müssen ihre Jungen mit Insekten füttern.

Biobauern verzichten auf synthetische Pestizide. Ist das ein großer Vorteil für wilde Pflanzen und Tiere?

Reichholf: Früher gab es die harten Pestizide, die sehr lange gewirkt haben und sicherlich zur Verminderung der Artenvielfalt beitrugen. Die modernen sind schneller abbaubar und dementsprechend nicht so lange nachwirkend. Heute ist der Faktor Pestizide von nachrangiger Bedeutung. In reinen Mais-, Kartoffel- oder Rübenfeldern wächst ja gar nichts anderes als die jeweilige Kulturpflanze. Die Artenvielfalt auf dem Acker ist also ohnehin denkbar gering. Wenn dann ein Pestizid gegen irgendeine unerwünschte Pflanze, einen Pilz oder ein Insekt gespritzt wird, ist der Effekt auf die Artenvielfalt eher gering.

Es gibt ja Pestizide, die auch im Biolandbau zugelassen sind. Die Bioverbände ziehen die Grenze zwischen chemisch-synthetischen Mitteln und sogenannten natürlichen. Ist diese Unterscheidung aus ökologischer Sicht gerechtfertigt?

Reichholf: Nein, diese Unterscheidung ist Unsinn. Ein Schwermetall wie Kupfer ist viel beständiger als synthetische Produkte. Ein Winzer, der seine Trauben mit Kupferlösungen besprüht, greift nicht weniger heftig in die Kleintierwelt ein als einer, der synthetische Gifte benutzt. Im Gegenteil: Das Schwermetall wird nicht abgebaut, reichert sich im Boden an und hat damit sehr viel mehr Nachwirkungen. Dasselbe gilt für pflanzliche Gifte wie Pyrethrum und auch für den *Bacillus thuringiensis*, der im Biolandbau häufig eingesetzt wird. Diese Wirkstoffe sind ja nicht selektiv. Und ob ein Gift selektiv wirkt ist ja letztlich das entscheidende ökologische Kriterium. Wenn der Biobauer einen Schädling mit *Bacillus thuringiensis* bekämpft, sind die harmlosen Insekten mit betroffen. Sie werden sogar stärker in Mitleidenschaft gezogen, weil sie insgesamt häufiger vorkommen als das zu bekämpfende Insekt. Aber um dieses sicher genug zu treffen, muss intensiv mit *Bacillus thuringiensis*-Präparaten gespritzt werden.

Was sagen Sie denn zu den gentechnisch veränderten Pflanzen, in die Gene des *Bacillus thuringiensis* eingebaut wurden?

Reichholf: Das wirkt viel selektiver, weil ja nur die Art getroffen wird, die diese Nutzpflanze frisst.

Ist aus ökologischer Sicht die kleinbäuerliche Landwirtschaft vorteilhafter als Großbetriebe?

Reichholf: Prinzipiell kann man das nicht sagen. In Ostdeutschland kann man sehen, dass kleine Wäldchen, Teiche oder steinige Mulden auf den riesigen Schlägen toleriert wurden. Dort konnten sich auch größere Säugetiere und Vögel halten. Diese Naturinseln wurden nicht bewirtschaftet, denn es war genügend Land vorhanden. Und was noch wichtiger ist: Es führten auch keine Wege dorthin. Die alten Großgrundbesitzer und die sozialistischen Produktionsgenossenschaften konnten es sich leisten, nennenswerte Flächen unbewirtschaftet zu lassen. Kleinbauern dagegen stehen unter dem Zwang, ihre gesamte Fläche intensiv zu nutzen.

Was müsste getan werden, damit die Landwirtschaft in Mitteleuropa ökologisch verträglich wird?

Reichholf: Am wichtigsten wäre es, das Gülleproblem anzugehen. Ich würde mir wünschen, dass Betriebe mit einem großen Gülleaufkommen dazu verpflichtet werden, ihre Abwässer über ganz normale Kläranlagen umweltverträglich zu entsorgen. Dann würden die Kosten nicht mehr auf die Allgemeinheit abgewälzt. Wenn die Gülle nicht einfach in die Umgebung gekippt werden dürfte, dann würde auch ihre Verwertung in Biogasanlagen für die Landwirte ökonomisch interessanter.

Es ist doch völlig unverhältnismäßig, dass nach dem Fall der Mauer winzige Dörfer in Ostdeutschland Kläranlagen bekamen und die Menschen dort für die Reinigung ihrer geringen Abwassermenge zahlen müssen, während nebenan riesige Schweinezuchtbetriebe mit Zehntausenden von Tieren ihre Fäkalienfluten einfach auf die Felder verteilen dürfen. Wenn die Entsorgung zu Buche schlägt, wäre auch der Import von Soja und anderen Futtermitteln weniger lohnend, da viel importiertes Kraftfutter immer auch viel Gülle bedeutet. Heute ist das Soja viel zu billig, denn die Entsorgung kostet nichts.

Es wäre auch eine Überlegung wert, hierzulande viel weniger Rinder zu mästen und dafür mehr Rindfleisch zu importieren. Extensiv gehaltene Rinder aus den Steppen Südafrikas, Australiens, Argentiniens oder Kasachstans brauchen kein Kraftfutter und richten ökologisch kaum Schaden an. Das Fleisch dieser Rinder zu importieren wäre viel sinnvoller als das Futter zu importieren, wie es heute üblich ist. Das würde die Umwelt in Europa sehr entlasten. Wenn das Fleisch per Schiff kommt, wäre auch der Aufwand an Transportenergie nicht sehr hoch. Das Fleisch würde ohnehin viel weniger wiegen als die riesigen Futterberge, die heute verschifft werden.

Könnte man das nötige Eiweißfutter nicht bei uns produzieren, beispielsweise in Form von Ackerbohnen und ähnlichen Futterpflanzen?
Reichholf: Dafür gibt es in Mitteleuropa nicht genügend Flächen. Da diese Pflanzen Stickstoff aus der Luft binden, würde die Stickstoffproblematik der Böden noch weiter verschärft.

Wie kann man ökologisch verantwortlich einkaufen?
Reichholf: Aus ökologischer Sicht kann ich Wild empfehlen oder Fleisch aus extensiver Weidehaltung. Die schlechteste Ökobilanz haben die Geflügelmassen, weil für die fast das gesamte Futter importiert wird. Den vorletzten Platz nehmen bei uns wohl die Schweine ein, weil die auch größten-

teils mit proteinreichem Importfutter gemästet werden. Global betrachtet ist sicherlich das Rind das umweltschädlichste Nutztier, schon wegen des Methanausstoßes. Die eineinhalb Milliarden Rinder übersteigen das Gewicht der 6,6 Milliarden Menschen mindestens um das Doppelte.

Rindfleisch aus Argentinien ist eine gute Alternative, denn die Ausscheidungen der Tiere, die auf den Pampas grasen, geben dem Boden dort was er braucht zurück – und nicht mehr. Kängurufleisch ist auch ökologisch vernünftig. Die Arten, die gejagt werden dürfen, sind häufig, und ihr Fleisch schmeckt köstlich. Heimisches Wild ist ebenfalls ziemlich umweltverträglich. Warum wird eigentlich nicht in einigen der großen Staatsforsten Wildwirtschaft betrieben? Für die Bäume wäre das schlecht, aber mit dem Fleisch ließe sich mehr Geld verdienen als mit Holz. Von den hiesigen Nutztieren schneiden Schafe unter ökologischen Gesichtspunkten relativ gut ab und auch Rinder, die in Weidehaltung aufgezogen werden.

In unserem Gespräch über Landwirtschaft und Umwelt sind wir immer wieder auf das Thema »Fleisch« gestoßen. Die heutige Fleischproduktion ist der größte Umweltverschmutzer und Naturzerstörer. Sind Sie Vegetarier?
Reichholf: Nein.

Warum nicht?
Reichholf: Menschen brauchen für eine ausgewogene Ernährung Fleisch. Ohne das Fleischessen hätte der *Homo sapiens* nie den Erfolg haben können, den er in der Evolution hatte. Erst als unsere Urahnen sich von Früchte essenden Waldbewohnern zu Fleisch essenden Steppenbewohnern

wandelten, konnte das große Gehirn sich entwickeln. Dafür brauchten sie phosphorreiche Nahrung – also Fleisch. Ein zweiter Effekt des Fleischessens war, dass die Zahl der Kinder pro Frau sich dadurch verdoppelte. Der dritte Effekt war die Verlängerung der Lebensdauer, was in Kombination mit dem großen Gehirn die menschliche Intelligenz hervorbrachte.

Kein Naturvolk kann mit rein pflanzlicher Nahrung überleben. In einem Regenwald ist der Proteingehalt der Pflanzen viel zu gering. Eine Vegetarierin könnte unter diesen Bedingungen nie ein Kind bekommen. Heute haben viele Menschen vergessen, dass es die hoch gezüchteten proteinreichen Pflanzen, die wir zur Verfügung haben, früher nicht gegeben hat. Der Yanomami-Indianer kann seinen Tag nicht mit einem Haferflockenmüsli beginnen. Fleischessen ist keine kulturell bedingte Tradition, sondern eine biologische Notwendigkeit. Der Hunger nach Fleisch steckt in unseren Genen.

6

WAS MACHT HÜHNER GLÜCKLICH?

Die wichtigsten Fakten in Kürze:

- In der »guten alten Zeit« gingen die Bauern nicht humaner mit Tieren um.
- In der Regel ist die Haltung auf Biohöfen tierfreundlicher – es kommt jedoch immer auf den einzelnen Betrieb an.
- Es wäre ökologisch und hygienisch katastrophal, alle Schweine und Hühner im Freiland zu halten.
- Freilandhaltung ist auch für die Nutztiere selbst nicht grundsätzlich besser.
- Es kommt nicht so sehr auf die Flächengröße an, sondern auf die verhaltensgerechte Struktur der Ställe.

Ganz in der Nähe des Nationalparks Bayerischer Wald liegt das Freilichtmuseum Finsterau. Dort kann man historische Bauernhöfe besichtigen, die in den Gemeinden der Umgebung abgetragen und auf dem Museumsgelände Stein für Stein, Balken für Balken originalgetreu wieder aufgebaut wurden. So entstand ein kleines Dorf mit Schmiede, Kapelle und Wirtshaus, das die Besucher in eine vergangene Zeit versetzt. Erst wenn man die erläuternden Schilder liest, merkt man, dass diese Zeit gar nicht so lange her ist: Einige der Höfe wurden noch in den Siebzigerjahren bewirtschaftet.

Der Rundgang wirkt wie eine Kur gegen Landromantik. Zwar gleichen die Häuser den heiteren Illustrationen alter Lesebücher. Doch ein Blick ins Innere zeigt, wie karg und mühselig das Leben der Bauernfamilien, ihrer Mägde und Knechte war. Die meisten Bauern im Bayerischen Wald waren arm. Auch ein Blick in die Stallungen lohnt sich. Wie waren Kühe und Schweine untergebracht, lange bevor es Debatten um Massentierhaltung und Fabrikställe gab? Die Milchkühe im Halbdunkeln, lebenslang angebunden, Flanke an Flanke auf engstem Raum stehend mit Blick auf die Stallwand. Die Schweine in Koben, die ebenfalls keine Bewegung, nicht mal ein Umdrehen zuließen. Die gute alte Zeit war selten wirklich gut – weder für Menschen noch für Tiere. Unsere Vorfahren waren deshalb nicht herzlos. Ihr eigenes Leben war nur so beschwerlich, dass niemand sich fragte, ob die Hoftiere artgerecht lebten.

In den Fünfziger- und Sechzigerjahren waren Ideen zur artgerechten Nutztierhaltung nicht nur im Bayerischen Wald weitgehend unbekannt. Selbst die Tierschutzaktivisten jener Zeit kümmerten sich um andere Themen: Sie kämpften gegen das brutale Prügeln von Kutschpferden oder Zugochsen und die schlechte Behandlung der damals auf Bauernhöfen üblicherweise angeketteten Hofhunde. In dieser Zeit führten die erfolgreicheren Landwirte erste industrielle Haltungssysteme ein. Die Wirtschaftsentwicklung trieb sie dazu, denn Arbeitskräfte wurden immer teurer und niemand wollte mehr Knecht oder Magd sein. Die neuen Stallungen sparten Arbeit und Platz und waren hygienischer. Gegen Ende der Sechzigerjahre entdeckten Tierschützer und bald darauf die Medien den rasanten technischen Wandel in der Landwirtschaft und seine Konsequenzen für die Nutztiere. Es gab nun ein Publikum dafür, besonders in den Städten.

Die Kriegsnot war überwunden und erstmals in der Geschichte lebte nicht nur eine kleine Oberschicht, sondern die breite Masse in Wohlstand. Die Bürger wurden sensibel für postmaterielle Themen wie Tierschutz.

Steigender Wohlstand führt auch dazu, dass immer mehr Menschen es sich leisten können, reichlich Fleisch, Wurst, Milchprodukte und Eier zu kaufen. Die nachgefragten Mengen können nur von Betrieben erzeugt werden, die Tiere in großer Zahl und mit durchrationalisierten Methoden mästen. Denn Arbeitskräfte sind rar im Agrarbereich. Immer weniger Menschen wollen in der Landwirtschaft arbeiten. Andererseits gewinnt die ethische Dimension immer höhere Bedeutung. Tierschutzfragen werden heute in fast allen Industrieländern heftig diskutiert. Im Grundsätzlichen herrscht große Einigkeit: Es ist eine moralische Pflicht des Menschen, Tiere anständig zu behandeln. Die größten Denker der Menschheit haben das schon lange gefordert. »Gewaltsamkeit und Grausamkeit gegen die Tiere«, schrieb Kant, »ist der Pflicht des Menschen gegen sich selbst inniglich entgegengesetzt.« Mahatma Gandhi erklärte: »Die Größe und den moralischen Fortschritt einer Nation kann man daran messen, wie sie Tiere behandelt.« Doch was bedeutet das in der Praxis? Welche Bedürfnisse haben Tiere? Die Antworten darauf sind oftmals kompliziert, da Tiere sich unter völlig anderen Bedingungen wohlfühlen als Menschen. Jede Art besitzt andere Bedürfnisse, andere physiologische Impulse.

Die Tierhaltung ist heute für viele Konsumenten eines der wichtigsten Kriterien für den Kauf von Biofleisch, Biomilch und Bioeiern. Zwar wurden seit den Achtzigerjahren in den meisten europäischen Staaten und in der EU die Tierschutzgesetze immer weiter verschärft, doch bei den Bioverbänden gelten wesentlich strengere Richtlinien, die teilweise weit über die Gesetze hinausgehen. Dabei spielte Tierschutz für die Väter des Biolandbaus fast keine Rolle. Weder Steiner noch Müller waren sonderlich interessiert daran (siehe Kapitel 9). Heute dagegen ist bessere Tierhaltung ein wichtiges Unterscheidungsmerkmal gegenüber der konventionellen Landwirtschaft. Es ist die einzige Differenz, die nicht nur weltanschaulich, sondern ganz praktisch ist. Dafür, dass Biokost gesünder sein soll, konnte bis heute kein Beweis erbracht werden, auch die Vor- und Nachteile für Natur und Umwelt sind wissenschaftlich umstritten. Die bessere Behandlung der Tiere dagegen ist augenfällig. Sie schlägt sich sogar auf die Fleischqualität nieder, wie eine Untersuchung des Forschungsinstituts für die Biologie landwirtschaftlicher Nutztiere (FBN) belegen konnte. Tiere, die in einer artgerechten Umgebung leben und ausreichend Bewegung haben, lagern weniger Wasser in ihrem Muskelgewebe ein.

Um nicht unfair zu sein, muss gesagt werden, dass dieser Unterschied nicht auf jeden einzelnen Betrieb zutrifft. Es gibt viele moderne Landwirte, die ihre Nutztiere vorbildlich halten und bestens behandeln. Es gibt auch nachlässige Biobauern, die es mit der Tierpflege nicht so genau nehmen. Doch grundsätzlich müssen Biolandwirte wesentlich strengere Tierschutzkriterien erfüllen als ihre konventionellen Kollegen.

Allerdings sind die Unterschiede zwischen Bio und Nicht-Bio nicht bei allen Nutztierarten gleich groß. In einigen Bereichen hat sich die Tierhaltung insgesamt verbessert, also auch bei den konventionellen Betrieben. Meist als Folge schärferer Gesetze, aber auch durch den generellen Bewusstseinswandel, der viele Landwirte erfasst hat. Ein Großteil der Milchkühe in Deutschland lebt heute in geräumigen Laufställen, in denen sich die Tiere frei bewegen können. Am schlechtesten geht es den Milchkühen, die das Pech haben, in traditionellen, kleinen süddeutschen Ställen zu stehen, wo die lebenslange Anbindehaltung immer noch nicht abgeschafft ist. Für die meisten Fleischrinder sind die Haltungsformen im Laufe der vergangenen Jahrzehnte ebenfalls besser geworden. Viele wachsen jetzt auf der Weide in sogenannten Mutterkuhherden auf, was dem Dasein wilder Rinder sehr nahekommt. Auch dunkle Boxen und Halsstricke für Kälber gehören glücklicherweise der Vergangenheit an. Die Bullenmast ist jedoch nach wie vor ein trauriges Kapitel. In vielen Betrieben stehen die Mastbullen bis zum Schlachttag dicht an dicht und ohne jegliche Bewegungsmöglichkeit. Bei Schaf- und Ziegenzüchtern dagegen unterscheidet sich die Tierhaltung zwischen Bio und Nicht-Bio zumeist nur gering.

Große Unterschiede zwischen Bio und konventionell bestehen bei der Schweinemast. Trotz jahrzehntelanger Tierschutzdiskussion sind die Schweine in den meisten Betrieben immer noch bedauernswerte Kreaturen. Sie leben ohne Auslauf, frische Luft und natürliches Licht eng zusammengepfercht auf rutschigen Böden. Diese sogenannten Spaltenböden sind wie ein Rost mit Ritzen durchzogen. Durch diese Ritzen treten die Tiere ihren Kot. Verletzungen durch Ausrutschen oder Einklemmen der Klauen sind dabei nicht selten. Der harte, nasse Boden ohne Stroh oder andere Einstreu (welche die Spalten verstopfen würde) ist für die Tiere unangenehm. Dazu kommt der permanente Gestank, weil Kot und Urin sich in den Auffangbecken unter dem Spaltenboden sammeln. Die schlechte Luftqualität kann zu Augenentzündungen und Atemwegserkrankungen führen. Das Leben auf glatten Beton- oder Holzböden widerspricht dem arttypischen Verhalten von Schweinen, die neugierig und verspielt sind und am liebsten mit ihren Schnauzen den Boden durchwühlen. Das enge Zusammenleben mit den Artgenossen (pro Tier sind nur 0,65 bis ein Quadratmeter vorgeschrieben, je nach Gewicht) führt zu Aggressionen. Damit bei Beißereien weniger Verletzungen entstehen, schleifen die Züchter den Ferkeln die Eckzähne ab und kupieren die Schwänze.

Bioschweine haben es wesentlich besser. Sie bekommen Auslauf mit Luft und Tageslicht. Mindestens die Hälfte des Stallbodens darf keine Spalten haben und auch Einstreu ist vorgeschrieben. Sie dient den Tieren zum Liegen, aber auch als Beschäftigungsmaterial. Allerdings gibt es bisher sehr wenige Landwirte, die Schweine nach diesen Richtlinien halten. Laut Bundesanstalt für Landwirtschaft und Ernährung hat rund die Hälfte der Bioschweinehalter Sondergenehmigungen, weil die Ausläufe zu klein oder gar nicht vorhanden sind.

Echte Bioschweinehaltung ist immer noch eine Seltenheit. Obwohl der Biomarkt kräftig wächst und Schweinefleisch in Deutschland mit großem Abstand das meistverzehrte Fleisch ist (die allermeisten Wurstsorten bestehen ganz oder zum Großteil daraus), betrug der Anteil des Bioschweinefleisches im Jahr 2006 nur knapp ein Prozent (etwa 180 000 Schweine). Einer der Hauptgründe dafür liegt in den dogmatischen Vorschriften der Bioverbände. Anders als Rinder oder Schafe können Schweine nicht mit Gras ernährt werden. Sie sind Allesfresser, die auf Eiweißnahrung angewiesen sind. Biobauern geben ihnen eiweißreiche Leguminosen wie Erbsen, Bohnen und Lupinen. Dieses Futter muss ebenfalls nach Biorichtlinien erzeugt werden, was die Sache teuer macht, und außerdem muss es mindestens zur Hälfte vom eigenen Hof stammen. Je nach den jeweiligen Verbandsrichtlinien dürfen die Mäster außerdem fünf bis 15 Prozent konventionelles Kartoffeleiweiß (ein Nebenprodukt der Speisestärkeherstellung) dazukaufen. Der Zusatz von Aminosäuren, die den Eiweißbedarf reduzieren würden, ist verboten, da diese gentechnisch hergestellt werden. Alles in allem ist es teuer und kompliziert, Bioschweine zu mästen. Was leider dazu führt, dass nur wenige Tiere in den Genuss einer tierfreundlicheren Haltung kommen.

Etwas vernünftiger geht Neuland mit dem Problem um, ein Verein, der besonderen Wert auf tierfreundliche Haltung legt. Bei Neuland müssen die Tiere kein Biofutter bekommen und es darf auch unbegrenzt zugekauft werden. Allerdings nur heimische Ware und kein Soja aus Südamerika (für dessen Anbau dort wertvolle Naturgebiete zerstört werden). Diese weniger starre Herangehensweise macht die Schweinemast ökonomischer. Allerdings darf Neuland-Fleisch dafür auch nicht als Bio verkauft werden. Für alle Kunden, denen besonders der Tierschutz am Herzen liegt, die aber nicht der Meinung sind, dass Schweine unbedingt mit Bioerbsen gefüttert werden müssen, ist Neuland-Fleisch eine gute Alternative.

Das Beispiel Bioschwein zeigt: Die Regeln sind zuweilen etwas verzwickt und manchmal steht sich die Bioideologie selbst im Weg. Aus ethischer Sicht ist es bedauerlich, dass ein mögliches Wachstum tierfreundlicher Betriebe durch rigide Fütterungsvorschriften ausgebremst wird.

Noch komplizierter ist die Lage bei den Legehennen. Seit Ende der Sechzigerjahre Bernhard Grzimek erstmals eine Legebatterie im Fernsehen zeigte, avancierte das Käfighuhn zu *dem* Symbol für tierquälerische Haltung. Bei Reformen der Tierschutzgesetze in Schweden, der Schweiz, den Niederlanden, Deutschland und anderen Ländern stand das Für und Wider dieser Haltungsform stets im Mittelpunkt. Doch der Streit um den Käfig zeigt auch, dass es keine einfachen Lösungen gibt, dass Forschung manchmal zu überraschenden Ergebnissen kommt und dass gefühlsbetonte Tierliebe in die Irre leiten kann. Auf den ersten Blick erscheint die Antwort einfach: Stalltür auf und hinaus auf die grüne Wiese. Dort können Hühner alle Verhaltensweisen ausleben, die in ihren Genen stecken. Im Prinzip sind es die gleichen wie bei ihren wilden Urahnen, den Bankivahühnern aus dem Dschungel Südostasiens. Sie wollen scharren, picken, Gräser zupfen, im Sand baden, an einer geschützten Stelle Eier legen und abends zum Schutz vor Feinden auf einem Ast sitzend einschlafen.

Die Sache hat nur einen Haken. Ließe man alle Hühner Europas auf die grüne Wiese, wäre das schön für die Hühner, doch eine Katastrophe für die Umwelt. Riesige Flächen müssten zum Hühnerauslauf erklärt werden und würden in kürzester Zeit in kontaminiertes Ödland verwandelt. Denn wo Hühner leben, bleiben Wiesen nicht lange grün. Die pickenden und scharrenden Laufvögel zerstören jegliche Bodenvegetation. Wiesen verwandeln sich in nackte, harte Erdkruste. Das Bodenleben geht durch den Kot der Hühner an Stickstoffbelastung zugrunde. Die grüne Wiese ist nur eine Scheinalternative, die in der Praxis schlimmste Umweltzerstörung bedeuten würde.

Wer sich einen Überblick über den Stand moderner Tierhaltung zu Beginn des 21. Jahrhunderts verschaffen möchte, kann das Lehr- und Forschungsgut Ruthe vor den Toren Hannovers besuchen. Tierärzte, Agraringenieure und Verhaltensforscher versuchen dort herauszufinden, welche Haltungsform für die Hühner, die Umwelt, die Gesundheit der Verbraucher und die Landwirte am besten ist. Die traditionelle Käfighaltung ist bereits aus dem Rennen. Seit dem 1. Januar 2007 ist die Käfighaltung für Legehennen in Deutschland verboten. Nach einer Übergangsfrist bis Ende 2008 müssen die letzten Kleinkäfige abgeschafft sein. Diesem Schritt wollen die anderen EU-Staaten im Jahr 2012 folgen.

Daher findet der Wettbewerb um das beste Hühnerstallsystem nur noch zwischen Freiland, Volieren und Kleingruppenhaltung statt. Veterinäre der Stiftung Tierärztliche Hochschule Hannover, der das Gut Ruthe angeschlossen ist, fanden heraus, dass Freilandhaltung nicht nur ökologisch schädlich ist, sondern auch für die Tiere weniger angenehm, als man lange dachte. Hennen, die unter freiem Himmel leben, können häufiger krank werden und sterben im Durchschnitt früher. Wildvögel wie Tauben und Spatzen bringen unkontrollierbar Krankheiten und Parasiten in den Hühnergarten. Freilandhühner leiden verstärkt unter Salmonellen und Wurmbefall. Das Risiko einer Infektion mit Geflügelgrippe ist hier sehr hoch. Außerdem kommt es weitaus häufiger als im Käfig zu dem von Hühnerhaltern gefürchteten Federpicken und Kannibalismus: Die Hennen picken sich gegenseitig die Federn aus oder hacken sich zu Tode. Freilandhühner, so der Stand der Wissenschaft, brauchen häufiger tierärztliche Behandlung.

Nicht nur die Freilandhühner, auch Bioschweine und Biokühe zeichnen sich nicht durch herausragende Gesundheit aus. Der Kasseler Wissenschaftler Albert Sundrum sezierte Tausende Schweinekadaver und fand heraus, dass die Lebern von Bioschweinen häufiger krankhaft verändert waren als von herkömmlichen Tieren. Nur etwas über ein Drittel der Bioschweine war vollkommen gesund, viele litten unter Parasiten. Euterentzündungen kommen bei Biomilchkühen nicht weniger häufig vor als bei ihren Schwestern auf konventionellen Höfen.

Die Hennen in der früher üblichen Käfighaltung leben vergleichsweise gesünder und auch ihre Eier sind weniger mit Keimen belastet. Andererseits steht fest, dass Legehennen in der Enge der Käfige sich nicht selten die Knochen brechen, und dass ihr Federkleid oftmals spärlich, zerrupft und ungepflegt aussieht. Außerdem wurde nachgewiesen, dass bestimmte wichtige Verhaltensweisen, die bei Hühnern genetisch vorprogrammiert sind, im Käfig lebenslang unterdrückt werden. Sie können nicht scharren, sie können sich zum Eierlegen nicht zurückziehen, sie haben keine erhöhte Sitzgelegenheit zum Schlafen. Gibt es also für Landwirte nur die Wahl, verhaltensgestörte Vogelwracks zu halten oder salmonellenverseuchtes Geflügel, das obendrein die Umwelt verschmutzt?

Auf Gut Ruthe suchen der Agrarwissenschaftler Christian Sürie und seine Mitarbeiter den Ausweg aus diesem Dilemma. Im Jahr 2004 montierten sie die alten Hühnerkäfige ab und konzentrierten ihre vergleichende Forschung auf die beiden aussichtsreichsten Haltungsformen, die sich vermutlich in der Europäischen Union auf lange Sicht durchsetzen werden: Die sogenannte Volierenhaltung mit Auslauf und die Kleingruppenhaltung. Die Hennen in den Volieren können an die frische Luft gehen, haben dort aber nicht so viel Platz wie ihre Artgenossinnen in der Freilandhaltung. Das muss kein großer Nachteil sein, denn ein Großteil der Freilandhennen verlässt den Stall nur selten oder nur für ein paar Schritte. Die typische Hühnerwiese ist in der Nähe des Stalls völlig zerstört, dahinter kommt eine Übergangsfläche mit spärlicher Vegetation und schließlich der Bereich, der am weitesten vom sicheren Dach entfernt ist. Dort wuchert und verfilzt das Grün, weil sich kein Huhn so weit in die Welt hinaustraut.

In die Volierenhaltung wird auch ein Prozent Hähne gesetzt, da dies die Sozialstruktur stabilisiert und damit den Kannibalismus mindert. Es gibt Sitzstangen und Legenester. Wildvögel werden durch engmaschigen Draht gehindert, in den Auslauf einzudringen. Mehrere Kontrollgänge am Tag sind notwendig, um kranke Tiere oder andere Probleme früh genug zu erkennen.

In der Kleingruppenhaltung geht es enger zu. Die Hennen leben in Großkäfigen und kommen nie ans Tageslicht. Dennoch sind diese Hühnerwohngemeinschaften so geschickt eingerichtet, dass die Hennen darin ihr natürliches Verhaltensprogramm weitgehend ausleben können. Kunstrasen mit eingestreuten Körnern bietet Anreiz zum Scharren. Zum Eierlegen können die Vögel sich hinter einen Vorhang zurückziehen und sie können sich abends auf eine Stange hocken, auf der sie sich sicher fühlen. Für den Landwirt ist diese Haltungsform weniger arbeitsintensiv. Die Tiere können leichter überwacht werden und es ist einfacher, die Hygiene zu bewahren. Automatische Fütterung und der Abtransport der Eier über Förderbänder laufen reibungsloser. Der Mehraufwand gegenüber dem konventionellen Kleinkäfig verteuert jedes Ei dennoch um mindestens zwei Cent (Stand: 2007).

Bei der harten Konkurrenz auf dem Lebensmittelsektor sind die unterschiedlichen Tierschutzbestimmungen von Land zu Land ein oftmals entscheidender ökonomischer Faktor geworden. Denn die große Mehrheit der Verbraucher wünscht sich zwar eine tierfreundliche Landwirtschaft, kauft aber dennoch die preisgünstigsten Produkte. Attraktive Niedrigpreise werden leider oftmals durch niedrige Tierschutzstandards ermöglicht. So ist in der EU eine Situation entstanden, in der ganze landwirtschaftliche Großanlagen abgebaut und über Staatsgrenzen verlegt werden, wenn in einem Land neue Gesetze die Produktion verteuern. »Am gleichen Tag, als wir auf Gut Ruthe die alten Käfige abmontierten«, berichtet Christian Sürie, »kamen die Lastwagen, die sie nach Osteuropa brachten.«

Doch ebenso wie niedrige Sozialstandards sind auch die tierschützerischen Einsparungen nicht von Dauer. Die Kultur des Tierschutzes breitet sich aus und kommt früher oder später auch in Ländern an, in denen sich die Öffentlichkeit noch nicht so viele Gedanken darüber macht. Zumeist sind es die nordeuropäisch-protestantischen Länder, in denen sich höhere Tierschutzstandards zuerst durchsetzen. Doch auch in katholisch und mediterran geprägten Kulturen wie Frankreich, Italien und Spanien ist der Umgang mit Nutztieren längst ein Thema, das die Medien und die Menschen beschäftigt. Vielleicht, so hoffen fortschrittliche Landwirte, zahlt sich der humanere Umgang mit den Tieren sogar eines Tages als ökonomischer Vorteil aus. Der Hinweis, dass Eier, Milch oder Fleisch aus tierfreundlicher Haltung stammen, wird in der Werbung und in der Produktkennzeichnung immer wichtiger.

Biolandwirte und Neuland-Bauern zeigen, dass bessere Tierhaltung möglich ist, und immer mehr moderne Betriebsleiter bauen ebenfalls neue, bessere Stallungen. Im ethischen Umgang mit Tieren ist der Biolandbau bis heute Avantgarde. Unterstützung kommt von den Universitäten. Zunächst in der Schweiz und dann in anderen Ländern etablierte sich an den agrarwissenschaftlichen und tierärztlichen Hochschulen das Fachgebiet Nutztierethologie. Dort versuchen Zoologen und andere Wissenschaftler mit den Methoden der Verhaltensforschung herauszufinden, wie man Rinder, Schweine, Hühner und andere Nutztierarten besser unterbringen und pflegen kann. Die meisten Europäer und Nordamerikaner lehnen Haltungsformen ab, die den Tieren Leid zufügen. In vielen Staaten wurden und werden die Tierschutzvorschriften verschärft. Doch noch immer gibt es viele kleine und große Mast- und Zuchtbetriebe, die bis an den Rand des gesetzlich Erlaubten gehen, um möglichst kostengünstig Fleisch, Milch oder Eier zu produzieren. Biohöfe zeigen, dass es auch humaner geht. Da sie ihre Produkte teurer verkaufen können, fällt ihnen die Umstellung leichter. Konventionelle Landwirte müssen preisgünstiger produzieren, um im Wettbewerb zu bestehen. Verbessern sie den Tierschutz, verteuert dies auch ihre Produkte. So sitzen sie zwischen allen Stühlen und können es niemandem recht machen.

Die Tierhaltung der Zukunft wird vermutlich anders aussehen als auf den beschaulichen Bilderbuchbauernhöfen aus den Werbespots. Sie wird hoch technisiert und automatisiert sein müssen, denn Arbeitskräfte sind in der Landwirtschaft Mangelware. Wie könnten Haltungssysteme aussehen, die hygienisch, pflegeleicht und wirtschaftlich sind, aber gleichzeitig die Verhaltensansprüche der Tiere erfüllen? Eine Stallbaufirma im Südwesten Deutschlands bietet eine sparsame Modullösung für die Schweinemast an, die versucht, all diese Ansprüche unter ein Dach zu bringen. Diese Kompromisslösung wurde von Agrarwissenschaftlern der Fachhochschule Nürtingen auf Basis von Verhaltensstudien entwickelt und »Nürtinger System« getauft. Die Hersteller exportierten diese Modul-Ställe bereits nach China und in viele andere Länder. Die Tiere werden in dieser Haltungsform seltener krank und nehmen schneller zu. Obendrein liegen Baukosten und Betriebskosten deutlich niedriger als bei herkömmlichen Ställen. Ein Stallmodul fasst 1500 Tiere. Das ist Massentierhaltung, doch Schweine haben im Prinzip nichts dagegen, unter vielen Artgenossen zu sein, sofern sie ihre Verhaltensimpulse ausleben können. Kauketten und Körbe mit Stroh sorgen für Beschäftigung. Auf Stroh-Einstreu wird jedoch verzichtet, denn in Großstallungen schädigt der Strohstaub die Lungen der Tiere, sagen die Forscher. Schweine sind saubere Tiere, die es schätzen, Liegebereich und Mistbereich getrennt zu halten. Die Entwickler dieser Stallungen haben den Schmutzsektor mit einer Dusche kombiniert, die viel zum Wohlbefinden der Tiere beiträgt. Denn Schweine können, wie Hunde, nicht schwitzen. Wasser ist ihre einzige Chance, sich zu erfrischen. Wie bei vielen Tieren sind auch bei Schweinen die aktiven Bewegungsphasen kurz. Dafür dauern die Ruhepausen umso länger. Deshalb können sich die Tiere in Ruheboxen zurückziehen, in denen sie sich geschützt fühlen. Zumeist liegen sie eng aneinander mit den Köpfen nach draußen. Dieses Verhalten haben sich die Erfinder bewusst zunutze gemacht, denn es bringt dem Landwirt einen erheblichen wirtschaftlichen Vorteil. So konstruierte Ställe brauchen keine Heizung, denn die Schweine wärmen sich gegenseitig. Nur für ganz junge Ferkel werden die Boxen künstlich angewärmt. Die Seitenwände der Gebäude sind offen, und die Tiere atmen stets frische Luft. Das beseitigt einen der unangenehmsten Nachteile konventioneller Schweineställe: den beißenden Gestank, unter dem die Tiere ebenso leiden wie die Landwirte.

Eine moderne Tierhaltung, die pfleglich mit den Tieren umgeht, ökonomisch vernünftig und ökologisch sauber ist, kann also durchaus Wirklichkeit werden – auch in der konventionellen Landwirtschaft. Nicht nur in Nürtingen haben Agrarhochschulen verbesserte Stallsysteme entwickelt, in denen man Tiere artgerecht auf geringer Fläche halten kann. Ob die Tierhaltung der Zukunft Bio sein wird, ist fraglich. Denn durch die Biorichtlinien zur Fütterung wird die Aufzucht der Tiere unnötig verteuert. Viele Kunden wollen aber lediglich, dass es den Nutztieren gut geht – die zusätzlichen Bioregeln sind ihnen egal. Das kann man an der Eier-Verkaufsstatistik ablesen: 58 Prozent der privaten Kunden kauften im Jahr 2006 keine Käfigeier mehr. Doch nur sechs Prozent griffen zu Bioeiern. Viel mehr kauften Eier aus Freilandhaltung (23 Prozent) oder Bodenhaltung (29 Prozent). Tierschutz ist den Verbrauchern offenbar wichtiger als Bio. Eine sehr vernünftige Einstellung, denn Bio bringt keinen zusätzlichen Vorteil.

Gute Tierhaltung stärkt das Vertrauen der Kunden. Ein schönes Beispiel dafür ist der »Gläserne Schlachthof« der Firma Thönes im Rheinland. Die Anlage gehört zu den modernsten Europas und wurde nach den Erkenntnissen der Verhaltensforschung so errichtet, dass die Schlachttiere vom Verlassen der Transportfahrzeuge bis zum Moment der Betäubung so stressfrei wie möglich geführt werden. Besucher können aus einer Glaskanzel heraus das Töten und Zerteilen der Tiere mit ansehen. Pro Jahr kommen mehrere Tausend Interessierte und nehmen an Führungen teil, um sich selbst ein Bild von der Schlachthofarbeit zu machen. Die Website des Unternehmens, die ständig aktuelle Fotos aus dem Schlachthof zeigt, wird aus aller Welt angeklickt. Das Publikum bekommt keine romantische Idylle zu sehen, sondern fachgerechte Tierschutztechnik, die Schmerzen und Leiden vermeiden soll. Ein schöner Anblick wird das Schlachten nie sein – auch nicht beim Biometzger.

7

ABER ES SCHMECKT BESSER, ODER?

Die wichtigsten Fakten in Kürze:
- Bei Geschmackstests schnitten Bioprodukte nicht besser ab.
- Das Bewusstsein, Biokost zu kaufen, erzeugt jedoch ein gutes Gefühl.

Auch uns schmeckte Bio meistens besser. Bevor wir uns mit der Forschung zu diesem Thema beschäftigt haben, waren wir fest davon überzeugt, dass der Geschmack einer knackigen Biomöhre oder eines Bioschweinebratens unverwechselbar ist. Wir waren uns so sicher darin, dass wir es gern jedem erzählten, und die meisten Gesprächspartner gaben uns recht: Man schmeckt es einfach. Doch objektive Untersuchungen bestätigen das nicht. Genauso wie Raucher nicht in der Lage sind, ihre Zigarettenmarke mit verbundenen Augen zu erschmecken – obwohl viele glauben, dass sie es könnten –, scheitern Testesser regelmäßig bei dem Versuch, Bio und Nicht-Bio zu unterscheiden.

Ergebnisse von Geschmackstests sind überaus ernüchternd. Die schwedische Ernährungswissenschaftlerin Lisbeth Johansson führte solche Versuche durch. Sie gab ihren Testessern Tomaten mit und ohne Bioaufkleber. Glaubten die Probanden, in eine Biotomate zu beißen, bewerteten sie den Geschmack besser. Tomaten ohne Aufkleber bekamen schlechtere Geschmacksnoten, egal ob Bio oder nicht. Subjektiv schmecken die Biolebensmittel also durchaus besser. Das liegt aber nicht an der Produktionsweise, sondern am Gefühl des Käufers.

Wissenschaftliche Mitarbeiter der britischen Supermarktkette Sainsbury's, welche die Käufer von Bioprodukten befragten, stellten fest, dass der Konsum solcher Lebensmittel den Menschen emotional guttut, ihr Wohlbefinden und ihren Optimismus stärkt. Allein dadurch, dass sie glauben, die Biokost wäre gesünder.

Wir alle kennen dieses Phänomen von anderen Konsumentscheidungen. Wer sich etwas Teures kauft, hat danach ein stärkeres Bedürfnis, die Entscheidung vor sich zu rechtfertigen. Luxusgegenstände müssen einfach besser und schöner sein als die preiswertere Alternative. Wozu hätte man sonst das viele Geld ausgegeben? Dieser Effekt spielt natürlich auch bei Bioware eine Rolle. Ein Apfel, der doppelt so teuer ist, darf nicht schlecht oder auch nur durchschnittlich schmecken. Er muss besonders lecker sein.

Die Ernährungswissenschaftler Diane Bourn und John Prescott von der Universität Otago in Neuseeland werteten eine Reihe von Experimenten aus, welche die schwedischen Befunde voll bestätigten. Dafür wurden sowohl Laien als auch geschulte Geschmacksprüfer eingesetzt. Sie sollten Äpfel, Trauben, Tomaten, Kopfsalat, Möhren, Grapefruits, Mais, Kartoffeln und Spinat probieren. Weder die Profis noch die Laien waren in der Lage, Bio von Nicht-Bio zu unterscheiden. Als sich die Testpersonen, ohne die Herkunft der Proben zu kennen, entscheiden mussten, welche Sorten sie am leckersten fanden, verliefen ihre Urteile kreuz und quer, mal Bio, mal nicht. In einem weiteren Versuch wurde der gleiche Trick wie bei den Schweden angewendet: Die Versuchsleiter klebten willkürlich auf manche Lebensmittel ein Bioetikett und auf andere nicht. Ergebnis: Sobald die Testesser glaubten, dass eine Speise aus Biolandbau stammte, schmeckte sie ihnen besser.

Sogar das Schweizer Forschungsinstitut für biologischen Landbau (FiBL) gestand ein, dass Bioäpfel nicht besser schmecken. Die Apfelsorte und die natürlichen Bedingungen wie Sonne, Regen und Bodenbeschaffenheit, beeinflussen den Säure- und Zuckergehalt und prägen somit den Geschmack. Bio ändert daran nichts.

Die Stiftung Warentest kam ebenfalls zu dem Schluss, dass Biolebensmittel keinen grundsätzlichen Geschmacksvorteil bieten. Ob etwas köstlich schmeckt oder langweilig, hat mit Bio nichts zu tun. Besonders Biofleischprodukte schnitten bei den Warentestern ausgesprochen schlecht ab. Biokochschinken und Biobratwürste klassifizierten die Prüfer als »leicht sauer« oder »säuerlich«. Ein Biohackfleisch wurde sogar als »leicht faulig« beanstandet. »Bioware steht mit der Haltbarkeitsfrist auf dem Kriegsfuß«, resümiert die Zeitschrift *Test*. Doch nicht nur bei Frischware, sondern auch bei haltbaren Produkten bekamen die Biomarken nicht immer gute Noten. Eine Tomatenkonserve schmeckte »metallisch«, Biopasta »ausdruckslos«.

Auch wenn es viele Biogourmets gern glauben möchten, nicht alles, was vom Biohof kommt, schmeckt. In Sachen Geschmack gibt es nur einen gefühlten Unterschied. Aber wer richtet sich beim Genießen schon nach Labortests und wissenschaftlichen Erkenntnissen? Gaumenkitzel ist höchst subjektiv.

8

»NACH DEM VERLUST DER SEXTABUS HAT MAN SICH INS ESSEN VERBISSEN«

Interview mit Udo Pollmer

Udo Pollmer ist einer der bekanntesten Kritiker von verbreiteten Ernährungsmythen. Der studierte Lebensmittelchemiker war Lehrbeauftragter für Haushalts- und Ernährungswissenschaften an der Fachhochschule Kassel und der Universität Oldenburg. Pollmer ist seit 1995 Wissenschaftlicher Leiter des Europäischen Instituts für Lebensmittel- und Ernährungswissenschaften e. V. (EU.L.E.). Bekannt wurde Pollmer als Wissenschaftsjournalist und wortgewandter Kritiker von Lebensmittelindustrie, Gesundheitsaposteln, Ernährungsberatern und Diätbefürwortern. Er verfasste zahlreiche Bestseller, darunter das *Lexikon der Ernährungsirrtümer*, und ist ein gefragter Gast in Fernseh- und Hörfunksendungen.

Wie wird man Ernährungskritiker?
Pollmer: Das verdanke ich meiner Ausbildung zum Lebensmittelchemiker. Im Studium wurde uns allen Ernstes erzählt, Schadstoffe seien verboten, die bräuchten wir nun wirklich nicht mehr zu lernen. Das war vor 30 Jahren. Heute

leben die Kollegen davon, dass sie jene Rückstände messen, die man damals für belanglos hielt. Als mir dann noch ein Schlachthofveterinär – mit der Begründung, als angehender Lebensmittelchemiker sei man ja befugt, das zu erfahren – im Detail gezeigt hat, warum die Arzneimittel-Kontrollen beim Fleisch systematisch ins Leere laufen, ist bei mir der Groschen gefallen. Das wundersame Verschwinden der Rückstände hing beispielsweise damit zusammen, dass der Gesetzgeber Nachweismethoden vorschrieb, mit denen man nichts finden konnte.

Wachsendes Misstrauen gegen staatliche Kontrollen und Machenschaften der Industrie war also Ihr Erweckungserlebnis?
Pollmer: Noch nicht einmal. Es war nur eine ganz natürliche Neugierde und die Einsicht, dass man nicht nur uns Studenten für dumm verkauft hat, sondern dass dies auch im weiteren Berufsweg so bleiben würde. Daraus entstand mein erstes Buch *Iss und stirb*, das 1982 erschien. Es kam genau zur rechten Zeit, damals begann in Deutschland die Diskussion um Schadstoffe in der Nahrung. Die war längst überfällig.

Wie reagierte die Lebensmittelwirtschaft darauf?
Pollmer: Heftig. Ich war bald der Lieblingsfeind der Branche, insbesondere der Agrar- und Fleischwirtschaft. Erst kam die Phase des Abstreitens von Problemen und des Rechtfertigens der Missstände. Es dauerte, bis sich etwas änderte. Aber nicht aus Einsicht, sondern durch die Gesetze der Biologie: Die alte Garde begann abzutreten, eine neue Generation übernahm das Ruder. Zudem hatte Tschernobyl tiefe Spuren im Bewusstsein der Bevölkerung hinterlassen. Mit der Katastrophe hatten die Experten ihren Heiligenschein

eingebüßt. Früher genügte es, wenn sie mit ernster Miene versicherten, »keine Gefahr«. Nun galt der Spruch als Verharmlosung und weckte erst recht Misstrauen.

Das Pendel fing also an, in die andere Richtung auszuschlagen?
Pollmer: Genau das. Lange Zeit hatten die Medien fast alle gravierenden Agrar- und Lebensmittelskandale mit dem Hinweis abgelehnt, das könne man nicht senden, das würde das Publikum nur verunsichern. Heute haben wir es mit einer Gesellschaft zu tun, die in Sachen Ernährung und Umwelt zutiefst verunsichert ist. Dies ist aus meiner Sicht auch eine Folge der Starrköpfigkeit der Lebensmittelwirtschaft und ihren einstigen Lakaien in den Medien. Die Erfahrung des Publikums, immer wieder belogen worden zu sein, führt heute dazu, dass beinahe jeder Mist über »Umweltskandale« geglaubt wird, ja dass nun beinahe nach Belieben Skandale erfunden werden können, die keine sind. Ein Beispiel wäre Acrylamid in Pommes. Dafür werden jetzt alle Meldungen unterdrückt, die der nicht minder verlogenen Propaganda für eine »gesunde Ernährung« widersprechen.

Zurück zur Agrarwirtschaft: Sind die damaligen Missstände denn abgestellt worden?
Pollmer: Ja, wenn auch sehr zögerlich. Eine wichtige Rolle spielten dabei die Biobauern. Ich habe mich seinerzeit für den Biolandbau eingesetzt und dafür auch viel Prügel bezogen. Die Biobauern haben gezeigt, dass die chemische Keule nicht immer die beste Lösung ist. Ursprünglich stand die Landwirtschaft den Produkten der chemischen Industrie äußerst skeptisch gegenüber. Aber als in den Sechzigerjahren der Stickstoffdünger für eine massive Steigerung der

Ernten sorgte, gab es kein Halten mehr. Es folgte eine regelrechte Flut von Chemikalien, da wurde einfach alles auf die Felder verbracht – nach dem Motto »viel hilft viel«. Die Schattenseiten ließen zwar auf sich warten, aber sie kamen. Zu viel Stickstoff beispielsweise führte zu Pilzbefall der Pflanzen, was dann unter anderem zur sogenannten Herdensteriliät führte, also massiven Fruchtbarkeitsstörungen bei Rindern durch verpilztes Futter.

Müsste das nicht Wasser auf die Mühlen der Biobauern gewesen sein?

Pollmer: Eher weniger, denn man darf eines nicht vergessen: Die Biobauern wurden damals massiv bekämpft und von ihren Kollegen geschnitten, es gehörte wirklich Mut dazu, diesen Weg zu gehen. Zur Hochzeit der Chemie-Euphorie gab es beispielsweise Obstbauern, die sind jeden Tag mit ihrer Chemieschleuder durch die Kulturen gefahren – ohne Sinn und Verstand. Mag ja sein, dass die Spritzmittel für den Verbraucher »ungiftig« sind, aber das Zeug wurde nun mal eingesetzt, um Lebewesen, egal ob Tier oder Pflanze, zu töten. Die Biobauern haben schlichtweg die Frage gestellt, ob das alles richtig ist. Und sie haben versucht, durch Beobachtung der natürlichen Gegebenheiten und durch intelligente Anbautechniken darauf zu verzichten. Dadurch haben sie natürlich auch Techniken entwickelt, von denen heute der konventionelle Landbau profitiert.

Nachdem Sie den Biolandbau ursprünglich protegiert haben, wird Ihre Haltung heute immer kritischer. Wie vollzog sich dieser Wandel?

Pollmer: Die Agrarwelt hat sich verändert. Heute haben wir eine völlig andere Situation. Doch zuerst störte mich das

Gebaren der Bioverbände und -händler. Es war einfach nicht alles Bio, wo Bio draufstand. Da haben sich die Spezialisten ihre Zertifikate bei Bedarf einfach selbst ausgestellt. Da wurde der Ausschuss der konventionellen Produktion eingesammelt und als Bio weiterverkauft. An den Produktfehlern könne man ja sehen, dass es wirklich Bio sei ... Pfui Deibel.

Was haben Sie denn zu denen gesagt?
Pollmer: Ihr seid jetzt eine etablierte Branche, ihr müsst euch auch mit den gleichen Maßstäben messen lassen wie alle anderen. Aber da haben die nur gelacht und gesagt: Uns glauben die Menschen, nicht Ihnen. Ich sollte mich lieber um Nestlé und Unilever kümmern. Also begann ich, die Finger in die vielen schwärenden Wunden des Biomarktes zu legen. Hinzu kam, dass sich die konventionelle Landwirtschaft veränderte. Jüngere Betriebsleiter hielten nicht mehr viel von der gepflegten Feindschaft mit den biologischen Kollegen. Sie haben einfach geguckt, was können die besser als wir, und haben das übernommen. Insofern haben die Biobauern die konventionelle Produktion verändert, ja man kann sogar sagen revolutioniert. Ob Pflanzenschutz eingesetzt wird oder nicht ist heute nicht mehr eine Frage des rechten Glaubens, sondern Ergebnis nüchterner betriebswirtschaftlicher Überlegungen.

Das klingt doch sehr nach integrierter Produktion?
Pollmer: Richtig. Heute kombiniert der konventionelle Betriebsleiter das Beste aus beiden Welten. Es war doch unsinnig, Chemikalien nach dem Kalenderdatum anzuwenden. Heute greift er nur zum Spritzgerät, wenn Messungen tatsächlich eine bedenkliche Zunahme eines Schaderregers belegen. Wer in dieser Situation aber auf eine Behandlung

verzichtet, darf sich nicht wundern, wenn die Ernte geringer ausfällt und die Qualität leidet. So wurde dieses Jahr in NRW die komplette Biokartoffelernte vernichtet.

Und was wurde aus dem bekanntlich massiven Medikamenteneinsatz in der Tierhaltung?
Pollmer: In der Tierhaltung ist die Prophylaxe, die Vorbeugung durch Antibiotika nach Zeitplan, weitgehend Vergangenheit. Heute wird untersucht, welche Keimgruppen sich entwickeln. Im Risikofall werden die (noch) gesunden Tiere behandelt. Diese sogenannte Metaphylaxe spart sogar Medikamente: Denn je früher ich behandle, desto leichter sind die Schweine und desto geringer ist die erforderliche Dosis. Warte ich, wie im biologischen Landbau, bis die Tiere wirklich husten, dann brauche ich mehr und bin zeitlich auch näher an der Schlachtung dran. Es ist schon komisch: Das, was ich von den Bios zur Verbesserung der Qualität und Produktsicherheit gefordert habe, haben schließlich die Konventionellen zuerst umgesetzt – aus eigenem Antrieb.

Könnte der Biolandbau nicht umgekehrt auch etwas lernen?
Pollmer: Natürlich würden viele Biobauern gerne die eine oder andere vorteilhafte Technik aus dem integrierten Landbau übernehmen. Aber das wird aus ideologischen Gründen verunmöglicht. Wer seine Kunden mit Technik- und Zukunftsfeindlichkeit umwirbt, darf sich nicht wundern, wenn er im Rahmen eines internationalen Wettbewerbs in der Sackgasse landet. Der Biolandbau wird deshalb vom integrierten Landbau überholt, sowohl nach ökologischen als auch nach ökonomischen Maßstäben. Die Konventionellen nutzen heute biologisches Denken mit moderner Technik.

Die Biologischen nutzen biologisches Denken mit der Technik von vorgestern. Das wird auf Dauer nicht funktionieren.

Warum öffnen die Biobauern sich denn nicht für neue Ideen?

Pollmer: Der Biobauer schon – er ist Praktiker. Die Funktionäre haben aber einen anderen Weg eingeschlagen. Sie hängten sich lieber an die Ängste der Menschen dran. Anfangs war die Bioszene durchaus fasziniert von den Möglichkeiten der Gentechnik – endlich resistente Pflanzen, die keine Spritzmittel erfordern. Doch die Stimmung in der Bevölkerung ließ sie schnell umschwenken. Sie haben sich dann stillschweigend auf die sogenannte Kleine Gentechnik (zum Beispiel Protoplastenfusion) verständigt, um transgenes Saatgut zu erzeugen. Oder: Die Biobauern haben jahrzehntelang mit Knochen- und Tiermehl gearbeitet. Als dies dann während der BSE-Hysterie ins Gerede kam, haben sie es schnell verboten und so getan, als sei dies immer schon so gewesen.

Aber ist natürlicher Dünger nicht tendenziell besser als Kunstdünger?

Pollmer: Das kommt drauf an. Naturdünger, also Mist, Kompost oder Gülle, kann riskante Keime transportieren. Da wird dann der Kopfsalat zur Gefahr. Die Salatpflanze kann beispielsweise über die Wurzeln aus dem Dünger Ehec-Bakterien aufnehmen. Die hat das Rind darin hinterlassen. Es gab sogar schon Todesfälle durch Ehec in rohem Blattgemüse. Oder nehmen wir die Geflügelhaltung. Den Menschen wird eine idyllische Freilandhaltung von Hühnern vorgegaukelt, die ökologisch, gesundheitlich und ethisch problematischer ist als andere Haltungsformen.

Und was haben Sie an der Freilandhaltung auszusetzen?
Pollmer: Viele Menschen stellen sich ein Huhn wie ein kleines Kind vor, das man zum Spielen nach draußen schickt. Ein Huhn ist aber nun mal ein Huhn. Und es zeigt Verhaltensweisen, die nicht einer guten Kinderstube entsprechen. Die Tiere brauchen zum Beispiel eine Hackordnung. Bei zwölf Hennen geht das, bei 2000 kann keine Hackordnung mehr ausgekämpft werden. Diese Hennen stehen unter Dauerstress. Auch deshalb, weil sie es von Natur aus gewohnt sind, unter Büschen und Sträuchern Schutz vor Raubvögeln zu suchen. Freie Flächen sind für sie keine Spielwiese, sondern Gefahrenzonen. Außerdem neigen Hennen zum Kannibalismus. Wenn ein Huhn ein blutiges Ei legt, wird es von hinten aufgehackt und bei lebendigem Leibe ausgehöhlt. In einer ordnungsgemäßen Freilandhaltung mit großen Tierzahlen gibt es dreimal so viele tote Tiere wie in Käfigen oder Volieren. Das nächste Problem ist der Hühnermist, der ins Grundwasser sickert. Der düngt im Gegensatz zum Weidegang des Rindes nicht. Dort wo Hühner sind, wächst kein Gras. Sie scharren, um an die Insekten im Boden zu gelangen. Auch Krankheiten lassen sich sehr viel schwerer kontrollieren, weil zwangsläufig der Kontakt mit wild lebenden Vögeln und Nagern viel häufiger ist. Aber der Verbraucher kann sich heute noch nicht einmal mehr vorstellen, dass auch ein Ökohuhn krank wird. Und dass die Wahrscheinlichkeit, dass es sich in »freier Natur« was einfängt, nun mal größer ist als im Stall.

Ist aus Ihrer Sicht »Natürlichkeit« kein guter Maßstab für die Qualität einer Produktion?
Pollmer: Die Natur ist nur in den Ökomärchenbüchern eine »gute Mutter«. Die Gesetze in freier Wildbahn sind ziemlich

grausam. Immer dann, wenn von »Natürlichkeit« die Rede ist, meint der Deutsche die realitätsfremden Darstellungen aus den Bilderbüchern für Kleinkinder. Das Fernsehen hat sich ebenfalls auf diese Erwartungen eingerichtet und festigt sie nach Kräften. Es geht mehr um die Erfüllung der Sehnsüchte und Wünsche der verwöhnten Töchter und Söhne einer modernen Wohlstandsgesellschaft als um die Erzeugung von Lebensmitteln. Das macht die Sache so schwierig.

Gibt es denn irgendeinen Bereich, in dem die Biobauern immer noch besser sind?
Pollmer: Wenn man heute Landwirte fragt, wer ist besser, der Biobauer oder der konventionelle, dann sagen die: »Derjenige, der seinen Job besser beherrscht.« Beim Ackerbau haben die Biobauern vielleicht noch Vorteile, aber beim Obst- oder Gemüsebau sieht es schon schlechter aus. Da wird nämlich mehr gespritzt als auf konventionellen Flächen und noch dazu mit schädlicheren Chemikalien. Denken Sie nur an das Kupfer, ein Schwermetall, das sich im Boden anreichert. Dann darf der Landwirt sein Erdreich austauschen und als Sondermüll entsorgen. Da der Biobauer nur wenige wirksame Mittel hat, aber von Schädlingen und Krankheiten nicht verschont bleibt, werden die Bioäpfel halt zwölf- bis achtzehnmal mit Kupfer und Schwefel gespritzt.

Aber gibt es nicht auch im konventionellen Bereich Probleme? Und welche Lösungen bieten sich da an?
Pollmer: Was wir eigentlich brauchen, sind neue Kulturtechniken, das gilt für den Biolandbau und den konventionellen gleichermaßen. Wir müssen mehr über ökologische Zusammenhänge lernen und diese nutzen. Ein Beispiel: Man hat bei bestimmten Pflanzen herausgefunden, dass man

Schädlinge dadurch neutralisieren kann, dass man zwischendurch eine andere Pflanze sät. Oder nehmen Sie das Intercropping im Baumwollanbau. Damit konnte man enorme Mengen an Spritzmitteln – damals vor allem DDT – sparen. Das Problem dabei ist, dass diese Tricks nicht patentierbar sind wie Gentechnik oder Pestizide. Dieses Wissen entsteht aber nicht von allein. Dazu brauche ich Forschung. Das kann kein Landwirt nach Feierabend leisten. Deshalb sind jene Verfahren, die mit Erfolg genutzt werden, eher zufällig entdeckt worden und haben sich einfach herumgesprochen.

Ist Biokost denn gesünder?
Pollmer: Das ist in meinen Augen eine religiöse Kategorie. Essen macht nicht gesund, sondern satt. Sie können genauso gut fragen: Ist der Verzehr von Biokost ein Zeichen von Frömmigkeit?

Konkreter: Enthält Biokost weniger Rückstände?
Pollmer: Da sind wir mitten im Dilemma. Mit den chemischen Analysemethoden können wir zwar die sogenannten freien Rückstände messen, aber nicht die gebundenen. Die Pflanze bindet problematische Substanzen an Zellbestandteile und macht sie damit für den Chemiker unsichtbar. Die Gehalte an gebundenen Rückständen sind nicht selten viel höher als das, was wir derzeit mit unseren Methoden an freien Rückständen messen können. Das spricht natürlich für die Biokost. Aber die Lage ist noch vertrackter. Die Frage nach den Rückständen von Pflanzenschutzmitteln relativiert sich dadurch, dass die Pflanzen auch natürliche Abwehrstoffe, natürliche Pestizide bilden. Diese natürlichen Pestizide sind teilweise giftiger als die üblichen Pflanzenschutzmittel. Nehmen Sie das Solanin, mit dem sich die Kartoffel

schützt. Es ist so giftig wie Strychnin, wirkt wie E 605 und kann im Körper akkumulieren. Die Solaningehalte in unseren Kartoffeln liegen locker 100-mal höher als die von Pflanzenschutzmitteln. Und da die Biobauern auf resistentere Sorten angewiesen sind, enthalten ihre Kartoffeln auch mehr Solanin.

Dann doch lieber moderne und geprüfte Pflanzenschutzmittel?
Pollmer: Nicht einmal da kann ich uneingeschränkt zustimmen. Im Gegenteil: Moderne Pestizide regen die Produktion natürlicher Abwehrstoffe der Pflanze ganz gezielt an. Man aktiviert also ein pflanzeneigenes Pestizid. Das gelingt natürlich mit harmlosen Substanzen, denn das Gift bildet erst die Pflanze. Da es »natürlich« ist, stört sich niemand daran.

Das Solanin ist zugegebenermaßen ein extremes Beispiel. Aber so etwas lässt sich doch nicht verallgemeinern.
Pollmer: Doch schon, denn alle Pflanzen wollen überleben. Ein Beispiel: Indol-3-Carbinol ist ein wichtiger Inhaltsstoff von Brokkoli. Von Toxikologen wird er den natürlichen TCDD-artigen Substanzen zugeordnet. Er wirkt so wie das »Sevesogift Dioxin«. Deshalb fordern Fachleute, den Brokkoliverzehr zur Dioxinbilanz dazuzurechnen. Das heißt jetzt nicht, dass man keinen Brokkoli essen soll, der Mensch kommt mit solchen Giften in der Regel ganz gut zurecht, aber eben nicht jeder Mensch. Wer Brokkoli nicht mag oder ihn nicht verträgt, der sollte ihn nicht essen. Eine pauschale Empfehlung kann es nicht geben.

Schon wieder ein Einzelfall, aber wie sieht das in der Summe aus?

Pollmer: Unlängst haben Toxikologen handelsübliches Gemüse den gleichen (Eingangs-)Tests unterworfen, die ein Pestizid bestehen muss. Ergebnis: Würde man die gleichen Maßstäbe für Gemüse anlegen wie für Pflanzenschutzmittel, dürften einige Gemüse wie Brokkoli oder Soja nicht mal als Pestizid auf dem Acker verteilt werden. Wir müssen uns einfach darüber im Klaren sein, dass keine Pflanze gerne gefressen wird und deshalb Abwehrstoffe enthält. Der Mensch hat einen Teil dieser Stoffe im Laufe der Zeit herausgezüchtet. Wildpflanzen sind nur deshalb auch Heilpflanzen, weil sie diese Gifte noch im ursprünglichen Maße in sich tragen. Die Wildmöhre ist beispielsweise ungenießbar, ihre kultivierte Schwester können wir sogar roh essen. Aber weil das so ist, kann sie sich auf dem Acker auch nicht mehr gegen ihre Feinde durchsetzen und bedarf der Schützenhilfe des Menschen – egal ob mit Pestiziden, Gentechnik, speziellen Kulturtechniken oder indem man wie früher Frauen und Kinder zum Käfersammeln schickt.

Kommen wir jetzt einmal zum Verbraucher. Wie kommt es denn, dass wir verlernt haben, normal und unverkrampft zu essen?

Pollmer: Die Summe der Tabus bleibt offenbar gleich. In den Sechzigerjahren dominierte die Kontrolle der Sexualität noch alles, das war das Reich des Bösen. Außerdem gab es einfach noch kein so reichliches Lebensmittelangebot wie heute. Gutes Essen war noch etwas Besonderes, man war stolz, wenn man sonntags seinen Braten hatte. Die erste Figur, die eine Trendwende ankündigte, war dann Twiggy.

Seitdem heißt es also, die Entsagung bringt das Heil?

Pollmer: Was man gerne mag, dahinter steht die Versuchung des Teufels. Das ist die ganz klassische katholische Morallehre, nach dem Verlust der Sextabus hat man sich eben ins Essen verbissen. Nun wird dieser Unsinn von sogenannten Ernährungsberatern mit religiöser Inbrunst verzapft. Das steckt einfach in unserer Kultur drin, ohne dass man bewusst wahrnimmt, wie diese Gedanken übertragen werden. Egal was die Menschen essen, es ist immer falsch. Und alles, was Spaß macht, ist gefährlich. Kaffee zum Beispiel wurde als »Flüssigkeitsräuber« verteufelt. Ganz anders der Kürbis, der nicht gerade zu den gefragtesten Genüssen zählt. Auch der wirkt harntreibend wie der Kaffee. Doch jetzt heißt es, der Kürbis spüle die Nieren. Deshalb sei er besonders gesund. Früher wussten die Volksschüler: Wenn ich Kaffee will, muss ich vorher Wasser aufsetzen. Wenn ich das trinke, habe ich mir Flüssigkeit zugeführt. Aber nach acht Semestern Studium kann leicht der Eindruck gefährlicher Flüssigkeitsverluste entstehen.

Also keine Angst vor Kaffee?

Pollmer: Ironischerweise deutet eine ganze Reihe von Studien darauf hin, dass ausgerechnet Genussmittel einen positiven Einfluss auf die Gesundheit und die Lebenserwartung haben. Entsprechende Erkenntnisse liegen beispielsweise für Alkohol, Kaffee und mutmaßlich auch für Schokolade vor. Aber das muss natürlich uminterpretiert werden. Deshalb heißt es: Nur dunkle Bitterschokolade essen! Denn das »gesunde« daran seien die ekelhaft bitteren Polyphenole. Sie könnten sich genauso gut eine ganze Tafel Vollmilch-Nuss reinpfeifen. Da haben Sie dann genauso viel der vermeintlich gesunden Polyphenole wie mit zwei bitteren Riegeln verspeist. Oder mit einer Flasche jungem Rotwein. Ganz wie es beliebt.

Wie erklären Sie sich die positive Wirkung solcher Genussmittel?

Pollmer: Ich vermute, dass es etwas damit zu tun hat, dass Menschen diese Produkte benutzen, um sich zu erden, um wieder zur Ruhe zu kommen. Der eine macht autogenes Training, der nächste braucht seine Teezeremonie und der Dritte holt sich eine Flasche Bier. Der Effekt ist der gleiche, er kommt innerlich zur Ruhe. Dieses »sich erden« scheint eine ganz wichtige Sache zu sein. Was die Dosierung anbetrifft, soll jeder nach seiner Fasson glücklich werden, der eine verträgt nur eine Tasse Kaffee, der andere braucht zwei Kannen.

Woher kommt diese Irrationalität in der Betrachtung verschiedener Lebensmittel denn?

Pollmer: Sie werden es kaum glauben, aber es lässt sich anhand der Quellen schlüssig nachweisen: Die Ernährungsempfehlungen, die wir heute befolgen sollen, sind die alten Verhaltensvorschriften gegen das Onanieren. Wie man sie bis in die Sechzigerjahre kannte. Viel Vollkorn führt zu Blähungen, sodass man nicht auf dumme Gedanken kommt. Abends wenig essen, möglichst kein tierisches Eiweiß und auch nichts »Scharfes«, was die Durchblutung fördern könnte. Die Liste solcher Beispiele lässt sich mühelos fortsetzen. Mit dem Nachlassen der Propaganda gegen das Onanieren gewinnt die Umerziehung der Nation zu einer »vollwertigen« beziehungsweise »gesunden« Ernährung an Fahrt.

Spielte nicht auch der Gedanke eine Rolle, Völlerei könnte die Jugend verweichlichen?

Pollmer: Sicher, aber es ist das gleiche Argument. Völlerei galt als gefährliches Laster, dessen sich ein Christenmensch zu enthalten habe. Bei den Nazis stand die Schlagsahne gleichsam auf dem Ernährungsindex, als Zeichen für Dekadenz und mangelnde Härte. Motto: Nur Kaffeehaus-Juden nehmen so etwas zu sich, der Deutsche ist zäh wie Leder. Nehmen Sie nur mal dieses Zitat: »Mischkost ist richtig: Wir müssen immer wieder für unsere Ernährung die vollwertige Mischkost fordern. Sie muss enthalten: reichlich frisches Gemüse, möglichst als Frischkost, Obst, … Fisch, Vollkornbrot, naturreine Obstsäfte, natürliche Würzstoffe … und einen mäßigen Verbrauch an Fleisch- und Wurstwaren. … Ihr spart nicht nur Milliarden an Geld für Krankenhäuser und Krankenkassen, ihr erspart euch selber Schmerzen und Krankheit, was aber weit wichtiger ist, ihr helft mit, gegen die Bequemlichkeit und Unwissenheit früherer Gewohnheiten zu kämpfen.« Das waren die Ernährungsempfehlungen für die Hitlerjugend von 1941. Es gab weniger zu essen, also musste die Jugend ob der Gesundheit verzichten.

Stammen unsere heutigen Empfehlungen aus dem Dritten Reich?

Pollmer: Sie sind natürlich viel älter. Von 1750 bis 1940 kamen praktisch alle Krankheiten von der »Selbstbefleckung«. Unzählige Aufklärungsschriften bedrohten jeden – egal ob Mann oder Frau, Pubertierenden oder Greisin – mit dem Tod durch Rückendarre, Blindheit oder Wahnsinn. Die Nazis haben die Ernährungstipps aus diesen Schriften nur für ihre Zwecke verwendet und an uns durchgereicht. Auch die heute beliebten 1000-Kalorien-Diäten dienten ursprünglich zu einem ganz anderen Zweck, das ist nur in Vergessenheit geraten. Aber erklären Sie das mal den Damen von der Brigitte-Diät. Jetzt machen Hungern und Bewegung frei ...

Reicht die Manie, sich gesund ernähren zu wollen, mittlerweile schon in den Bereich der Essstörungen?
Pollmer: Essen ist ein Trieb, er folgt seinen biologischen Gesetzen. Und unsere Gedanken folgen den Wünschen des Körpers. Wer glaubt, mit dem Kopf sein überlebenswichtiges Programm von Appetit, Hunger und Durst wie eine Domina kontrollieren zu müssen, dessen Körper nimmt auf Dauer schweren Schaden. Dahinter stehen die klassischen religiösen Motive, dass der Körper zerstört werden muss, damit die Seele ihr Heil findet. Der Geist ist zwar willig, aber das Fleisch ist schwach. Zahllose Menschen haben sich mit diesem Spruch um ihre Gesundheit gebracht. Früher musste der Volkskörper gesund gehalten werden, heute ist es der individuelle Körper, aber beides geht mit zerstörerischen Entwicklungen einher.

Haben sich die Propagandisten des Ernährungs- und Gesundheitswahns schon wieder des Staates bemächtigt?
Pollmer: Essgestörte haben ein hohes Aktivitätsniveau und kommen beruflich meist recht schnell voran. Sie gelten als Vorbild, weil sie untergewichtig sind. Und diese Personen haben es bei ihrem Marsch durch die Institutionen geschafft, bereits die Kleinkinder mit ihrer Paranoia anzustecken. Als die 5-am-Tag-Kampagne (fünfmal am Tag Obst und Gemüse essen) in die Kindergärten getragen wurde, dauerte es gerade mal ein halbes Jahr und das Eintrittsalter für eine Essstörung war auf vier Jahre gesunken. Es gibt doch schon Schulen, in

denen das Pausenbrot der Kinder kontrolliert wird. Und wenn da Wurst oder Käse drauf ist, dann werden die Eltern zum Gespräch einbestellt. Man nötigt sie, den Kindern stattdessen Vollkornbrot mit Rohkost mitzugeben. Kinder wachsen noch, sie brauchen Power, sie brauchen einfach mehr Energie. Außerdem ist Schule eine anstrengende Tätigkeit, was soll da Kohlrabi? Wenn Kinder nicht genug Kalorien, Fett und Eiweiß bekommen, dann werden sie nicht schlank, ganz im Gegenteil. Sie wachsen nicht mehr und gehen in die Breite. Im Unterricht darf man außer Unruhe – denn Hunger macht furchtbar zappelig – nicht mehr viel erwarten. Schließlich ist das Gehirn der größte Energiefresser des menschlichen Körpers.

9

WAS IST EIGENTLICH BIOLANDBAU UND WO KOMMT ER HER?

Die wichtigsten Fakten in Kürze:

- Rudolf Steiners Landwirtschaftslehre ist pure Esoterik.
- Steiner und den anderen Gründern des Biolandbaus ging es nicht um Umweltschutz oder Tierschutz.
- Führende Nationalsozialisten, wie Himmler, waren Anhänger von Steiners Agrarlehre und standen der Anthroposophie nahe.
- Die Ablehnung des Mineraldüngers ist reine Glaubenssache, weil die Pflanzen chemisch gleiche Stoffe aufnehmen, egal ob vom Mineraldünger oder vom Naturdung.

Was tun, wenn Mäuse das reife Korn auffressen? Am besten, der Bauer zieht einer jungen Maus die Haut ab und verbrennt sie, wenn die Venus im Skorpion steht. Das winzige Häuflein Asche verstreut er über dem befallenen Feld. So entsteht »die negative Kraft gegenüber der Reproduktionskraft der Feldmaus«. Und schon machen sich die gefräßigen Nager aus dem Staub. Und noch ein Gebot für erfolgreichen Ackerbau: Um die Düngewirkung des Stallmistes zu erhöhen, empfiehlt es sich, Schafgarbe in die Harnblase eines Hirsches zu stopfen. Dann die gefüllte Blase in der Sonne trocknen und einen

127

Winter lang in der Erde vergraben. Wieder ausbuddeln und in den Mist mischen – fertig.

Sie halten das für völlig verrückt und glauben nicht, dass es funktioniert? Wie wär's mit diesem guten Rat: »Das Mondlicht entfaltet seine größte Wirkung, wenn es auf das Hinterteil eines Tieres scheint.« Sie denken, das ist Humbug? Haben Sie noch nie Lebensmittel von Demeter gekauft? Alle drei Rezepte gehören zum Glauben der Demeter-Bauern. Verkündet hat sie Rudolf Steiner, der Erfinder des biologisch-dynamischen Landbaus. Steiners Worte gelten bei seinen Anhängern bis heute als der Weisheit letzter Schluss. Wenn das Obskure allzu deutlich wird, flüchten sie sich in vage Formulierungen. »Die Anwendung von bio-dynamischen Präparaten mag naturwissenschaftlich unverständlich sein«, schreibt Urs Niggli vom Schweizer Forschungsinstitut für biologischen Landbau (FiBL), »zeigt aber in Langzeituntersuchungen gewisse Effekte.«

Für viele in der Demeter-Gemeinschaft ist Biolandbau viel mehr als eine besondere Produktionsmethode, es ist eine Weltanschauung. Davon wissen die meisten Kunden allerdings nichts, wenn sie ein paar biologisch-dynamische Karotten kaufen. Rudolf Steiner ist einer der Fixsterne am Biohimmel. Deshalb sollte man sich seine Lehre ein wenig genauer anschauen, wenn man die Hintergründe der Biolandwirtschaft verstehen will. Doch zunächst einmal zum Grundsätzlichen. Was ist überhaupt gemeint, wenn von Bio die Rede ist?

In Deutschland und der Schweiz heißt es Bio, in Österreich Öko, Engländer und Amerikaner sprechen von »organic«. Gemeint ist stets das Gleiche: landwirtschaftliche Methoden, die auf Kunstdünger und synthetische Pflanzenschutzmittel verzichten. Biobauern greifen stattdessen auf eigene Praktiken zurück, um die Fruchtbarkeit des Bodens zu erhalten. Eine große Rolle spielt dabei die Düngung mit Stallmist und Kompost. Ebenso wie die moderne Landwirtschaft kommt diese Anbauform nicht ohne Gift aus. Gegen Schädlinge und Unkraut setzen die Biobauern allerdings nur solche biologischen, mineralischen oder metallischen Giftstoffe ein, die nicht im Chemielabor erzeugt wurden. Außerdem soll auf jedem Hof ein Kreislauf aus pflanzlicher und tierischer Produktion verwirklicht werden, der möglichst wenige Zugaben von außen benötigt.

Die Europäische Kommission definiert Bioanbau folgendermaßen: »Er setzt vorzugsweise auf erneuerbare Ressourcen und Recyclingverfahren, bei denen dem Boden die Nährstoffe durch Aufbringen landwirtschaftlicher Abfälle wieder zugeführt werden. Die Tierhaltung ist in besonderem Maße auf das Wohlergehen der Tiere und auf die Verwendung natürlicher Futtermittel ausgerichtet. Der ökologische Landbau nutzt die natürlichen Systeme der Schädlings- und der Seuchenbekämpfung und vermeidet den Einsatz von synthetischen Pestiziden, Herbiziden, chemischen Düngemitteln, Wachstumshormonen, Antibiotika und Gentechnik. Ökolandwirte verwenden stattdessen eine Reihe von Verfahren, die zur Erhaltung des ökologischen Gleichgewichts beitragen und die Umweltverschmutzung eindämmen.«

Die Biolandwirte teilen sich in zwei Hauptgruppen. Die einen berufen sich auf Rudolf Steiner, die anderen auf Hans Müller. Steiner entwickelte seine Thesen zur Landwirtschaft in den Zwanzigerjahren des vorigen Jahrhunderts als Teil einer umfassenden Weltanschauung, der Anthroposophie. Anthroposophen glauben an Reinkarnation, verschiedene unsichtbare Geisterwesen und daran, dass die Menschheitsentwicklung von Planetenzeitaltern abhängt. Steiner hinterließ ein umfangreiches Schrifttum (360 Bände) und wird bis heute von vielen Hunderttausend Jüngern in aller Welt verehrt.

Den mineralischen Dünger betrachtet Steiner als wertlos und glaubt, dass in Gründüngung und Mist kosmische Kräfte walten. Durch den Mist wirke obendrein die Seele der Tiere. In Steiners Schriften zur Landwirtschaft finden sich skurrile Anweisungen (wie das zuvor beschriebene Verbrennen von Mäusehaut). Seine Methodik nennt sich »biologisch-dynamisch«. Danach erzeugte Waren werden zumeist unter der Marke Demeter verkauft.

Zirka 20 Jahre nach Steiners Tod entwickelte der Schweizer Lehrer Hans Müller gemeinsam mit seiner Frau Maria Müller und dem Arzt Hans Peter Rusch die anthroposophischen Ansätze weiter zum »organisch-biologischen« Anbau, dem heute im deutschsprachigen Raum die meisten Ökobauern folgen. Müller verzichtete weitgehend auf Steiners esoterischen Überbau und konzentrierte sich lieber auf die praktischen Anbauregeln. Müller ging es in erster Linie darum, preiswerte Methoden für den Erhalt der Bodenfruchtbarkeit zu entwickeln, weil viele Schweizer Kleinbauern sich damals Kunstdünger und Pestizide nicht leisten konnten oder durch deren Einsatz immer abhängiger von der Agrarindustrie wurden.

Biokost steht heute für die meisten Verbraucher für Gesundheit, Umweltschutz und Tierschutz. Diese Themen spielten jedoch in den frühen Jahren der Biolandbau-Bewegung kaum eine Rolle. Rudolf Steiner ging es bei seinen Anweisungen um Ackerbau und Viehzucht im Einklang mit dem, was er für kosmische Gesetze hielt. »Im Apfel isst man den Jupiter, in der Pflaume den Saturn«, schrieb er in einem seiner acht Vorträge über »geisteswissenschaftliche Grundlagen zum Gedeihen der Landwirtschaft«, die er 1924, kurz vor seinem Tode, hielt. Auf diesen acht Vorträgen beruht die biologisch-dynamische Wirtschaftsweise. »Das Wasser«, verkündete er an anderer Stelle, »ist nicht nur aus H und O zusammengesetzt, das Wasser weist die Wege im Erdenbereich denjenigen Kräften, die zum Beispiel vom Mond kommen, sodass das Wasser die Verteilung der Mondkräfte im Erdbereich bewirkt.«

Steiners Weltbild unterscheidet vier Seinsebenen. Erstens die stofflich-physikalische Welt, die alles Materielle umfasst. Über diesen sichtbaren Teil des Universums hinaus existieren drei weitere, übersinnliche Sphären. Die zweite ist die lebendig-ätherische, die das Feinstoffliche umfasst, also ungefähr das, was heute als biochemische Prozesse verstanden wird. Die seelisch-astrale ist die dritte Ebene, sie ist eine durch kosmische Einwirkung bestimmte, ebenfalls feinstoffliche Kraft, welche die Empfindungen steuert. Menschen und Tiere haben einen Astralleib und dadurch Seelen. Pflanzen hingegen besitzen nur einen Ätherleib. Der Mensch verfügt darüber hinaus über die vierte Seinsebene, die ichhaft-geistige. Außerdem ist die Welt noch von Engeln und anderen unsichtbaren Wesen bevölkert.

Im Zentrum dieser Lehre steht die geistige Höherentwicklung des Menschen durch verschiedene Reinkarnationen, die von »Planetenzeitaltern« abhängig sind. Quelle der Erkenntnis ist Steiners übersinnliche Erleuchtung. Er war und ist der Einzige, der die imaginäre »Akasha-Chronik« lesen konnte, die nur seherisch erfasst werden kann. Auf dieser in Geheimsprache abgefassten und nur für ihn sichtbaren Weltenchronik beruht Steiners Autorität. Durch seine angeblichen Seher-Fähigkeiten fühlte er sich berufen, eigene – der Naturwissenschaft komplett widersprechende – Dogmen

131

über Pädagogik, Medizin und Landwirtschaft zu verkünden. »Schon der Einwand: ich kann auch irren«, so Steiner, »ist störender Unglaube.«

Die Menschen können sich auch abwärts entwickeln. Was die Kennzeichen höherer und niederer Menschentypen betrifft, besitzt Steiners Weltanschauung viele Gemeinsamkeiten mit der im frühen 20. Jahrhundert weitverbreiteten Rassenideologie. Er lehrte, dass es keine Evolution gab, sondern sich die Menschheitsentwicklung nacheinander auf sieben Planeten vollzogen hat. Es bildeten sich irgendwann »Lemurier« und »Atlantier« heraus, aus diesen dann die »Arier«, zu denen die Westeuropäer gehören. In seinem Werk *Geisteswissenschaftliche Menschenkunde* schreibt Steiner: »Die Menschen, welche ihr Ich-Gefühl zu gering ausgebildet hatten, wanderten nach dem Osten, und die übrig gebliebenen Reste von diesen Menschen sind die nachherige Negerbevölkerung Afrikas geworden.« Über den »Neger« schreibt er: »Weil er das Sonnige an der Oberfläche in seiner Haut hat, geht sein Stoffwechsel so vor sich, wie wenn er in seinem Innern von der Sonne gekocht würde. Daher kommt sein Triebleben. Im Neger wird fortwährend richtig gekocht.« Ganz anders der nordische Blondschopf. »Die blonden Haare geben eigentlich Gescheitheit«, behauptet Steiner. »Geradeso, wie sie wenig in das Auge hineinschicken, so bleiben sie im Gehirn mit Nahrungssäften, geben ihrem Gehirn die Gescheitheit. Die Braunhaarigen und Braunäugigen, und die Schwarzhaarigen und Schwarzäugigen, die treiben das, was die Blonden ins Gehirn treiben, in die Haare und Augen hinein.« Bedauerlicherweise »verliert sich die Blondheit, weil das Menschengeschlecht schwächer wird«. Die Menschheit droht zu verdummen. Nur die Anthroposophie kann sie retten.

Steiners Vorträge zur Landwirtschaft drehen sich nicht um die Themen, die den heutigen Käufern von Biokost wichtig sind – zum Beispiel Gefahren durch Pestizidrückstände oder quälerische Tierhaltung. Ihm geht es um die Nutzung der kosmischen Kräfte für den Erhalt der Bodenfruchtbarkeit. Steiner betrachtete den mineralischen Dünger als wertlos, weil er nicht von lebendigen Wesen stammt. Im Mist dagegen wirke die Astralenergie der Tiere, welche die kosmischen Kräfte an den Boden weitergeben könne. Durch diese Kräfte seien die biologisch-dynamischen Produkte wertvoller und gesünder als andere Lebensmittel. Immer wieder betont er, dass die Naturwissenschaften, insbesondere Physik und Chemie, die stoffliche Welt nur oberflächlich betrachten. Steiner dagegen ist davon überzeugt, dass Elementen wie Phosphor, Schwefel oder Stickstoff geistige Eigenschaften innewohnen.

Obwohl Steiner die Naturwissenschaften und ihre Verfahren der kritischen Überprüfung von Ergebnissen entschieden ablehnt, bedient er sich eines Jargons, der Wissenschaftlichkeit und Seriosität suggerieren soll. Er selbst nennt seine Glaubenslehre eine Geisteswissenschaft. Seine Nachfolger entwickelten Untersuchungsmethoden, die den Anschein von Wissenschaftlichkeit erwecken, aber Ergebnisse zustande bringen, die nur Anthroposophen interpretieren können. Eine davon ist die Kupferchloridkristallisation. Dabei wird ein wässriger Extrakt der zu testenden Pflanze hergestellt und einer Kupferchloridlösung beigegeben, die danach als dünne Schicht auf einer Glasplatte zur Kristallisation gebracht wird. Dabei sollen sich charakteristische Gestaltveränderungen des Kristallisats ergeben, die aber nur Eingeweihte lesen können.

Zehn Jahre nach Steiners Tod erleben seine Lehrsätze zum

Landbau höchste Anerkennung. Die Nationalsozialisten erheben sie zu einer Art Leitbild der deutschen Landwirtschaft. Führende Steiner-Jünger betrachteten Hitler als Geistesverwandten. 1934 schickt die Anthroposophische Gesellschaft einen offiziellen Brief an den Führer, in dem das Gemeinsame der beiden Weltanschauungen und Steiners arische Herkunft betont werden. Es nützt wenig, im Zuge der Gleichschaltung wird die Organisation aufgelöst. Doch der NS-Staat fördert weiterhin den biologisch-dynamischen Anbau und lässt andere anthroposophische Vereinigungen weiter existieren. Die Zeitschrift *Demeter* vom Mai 1939 feiert Hitlers Geburtstag enthusiastisch. Als die jüdischen Mitglieder anthroposophischer Organisationen auf staatlichen Druck ausgeschlossen werden müssen, regt sich kaum Widerspruch. Im Gegenteil: Viele Steiner-Anhänger begrüßen ausdrücklich die Rassengesetze. In Steiners Werken finden sie die Theorie dazu (Gesamtausgabe Band 32). Das Judentum, schrieb er, »als solches hat sich aber längst ausgelebt, hat keine Berechtigung innerhalb des modernen Völkerlebens, und dass es sich dennoch erhalten hat, ist ein Fehler der Weltgeschichte.«

Die Sympathie beruht zum Teil auf Gegenseitigkeit. Reichsbauernführer Walther Darré persönlich sorgt dafür, dass der Vegetarier Hitler täglich frisches Biogemüse serviert bekommt. Darré, der die Parole »Blut und Boden« popularisierte, gibt Steiners biologisch-dynamischen Prinzipien einen neuen deutschen Namen: »Lebensgesetzliche Landbauweise«. Diese »vernünftige und undogmatische Auswertung« wird 1940 von *Bebauet die Erde*, der Zeitschrift für biologische Wirtschaftsweise, ausdrücklich gelobt. »Dazu kommt«, schreibt der Anthroposoph Ewald Köhler, »dass auch von einer anderen Seite die biologische Frage sowohl im Allgemeinen als auch im Besonderen reif geworden ist. Zunächst ist im neuen Deutschland die Biologie politisch von Bedeutung geworden durch die Erkenntnis der Rassenfrage, die Darré ausgeweitet hat in dem Begriff ›Blut und Boden‹, das heißt, er sieht die Erhaltung der Rasse unmittelbar mit dem Boden verbunden. Gleichzeitig aber machte sich eine Bewegung geltend, die die biologische Frage der Lebensweise vertiefte und eine Wissenschaft der Naturmedizin schuf. Genau genommen bedeutet dies nichts anderes als Rassenhygiene.«

Neben Darré werden Rudolf Heß, Heinrich Himmler, Fritz Todt und Alwin Seifert von Historikern zu den führenden Köpfen des »grünen Flügels« in der NSDAP-Leitung gezählt. Sie schwärmen nicht nur für biologisch-dynamische Landwirtschaft, sondern auch für regenerative Energien, Homöopathie und Heilkräuter. Ihr Einfluss auf Hitler ist erheblich, doch sie müssen mit anderen, mehr technikbegeisterten Nazigrößen um die Gunst des Führers rivalisieren. Der Verbindungsmann zwischen grünen Nazis und Steiner-Anhängern ist Erhard Bartsch, ein Freund von Seifert und Heß. Er ist in der anthroposophischen Bewegung der führende Landwirtschaftsexperte und gibt das Magazin *Demeter* heraus.

Die grünen Nazi-Funktionäre betrachten Steiners Lehren nicht als feindliche, sondern als verwandte, aber konkurrierende Weltanschauung – und ähnlich sehen es auch manche Anthroposophen. Insbesondere Heß sympathisierte längere Zeit mit der Anthroposophie. Er war jahrelang Hitlers engster Vertrauter. Erst als er sich 1941 nach England absetzt, fallen die Steiner-Anhänger in Ungnade. Waldorfschulen und andere anthroposophische Institutionen werden geschlossen. Doch an der »lebensgesetzlichen Landbauweise« findet der Führer weiterhin Gefallen. Das bleibt auch nach der Absetzung Walther Darrés so (die nichts mit seiner grünen Gesinnung zu tun hat). Die anthroposophische Heil- und Pflegemittelfirma Weleda darf ebenfalls weiter produzieren und erhält sogar Staatsaufträge.

Es gibt Trennendes, aber auch etliche Verbindungen zwischen den Nationalsozialisten und den Anhängern des biologisch-dynamischen Landbaus. Eine Gemeinsamkeit ist die Betonung des Regionalen, was den nach Autarkie strebenden Nazis gefällt. »Es ist eine Sünde«, sagt Göring 1936 im Berliner Sportpalast, »wenn man immer gerade das kaufen will und das haben will, was im Augenblick eben nicht durch die Natur hervorgebracht wird. Wir halten uns an das in erster Linie, was der deutsche Boden uns schenkt.«

Himmler lässt 1938 im Konzentrationslager Dachau die größte biologisch-dynamische Heilkräuterplantage Europas anlegen. Die Arbeitsbedingungen dort sind äußerst grausam. Bei keinem anderen Kommando sterben zwischen 1938 und 1940 so viele Häftlinge wie beim Anlegen und Bewirtschaften der Bioäcker. Gartenmeister des Lagers ist der Anthroposoph Franz Lippert, zuvor Obergärtner bei Weleda.

Zur selben Zeit gründet in der Schweiz der Lehrer, Agrarpolitiker und Vorsitzende des »Vereins abstinenter Schweizer Bauern« Hans Müller die Schweizerische Bauern-Heimatbewegung. Seine Methode ist eine pragmatische Weiterentwicklung der biologisch-dynamischen Wirtschaftsweise Steiners, die er organisch-biologisch nennt. Sie soll »ohne mystisches Drum und Dran« auskommen. Seine Frau Maria Müller studiert die damals schon vorhandene Literatur über organischen Landbau und erprobt die verschiedenen Methoden in ihrem Garten. Wichtigste theoretische Grundlage der von den Müllers gegründeten organisch-biologischen Anbauweise ist das Naturhaushaltskonzept des Frankfurter Arztes und Mikrobiologen Hans Peter Rusch. Dabei wird besonderer Wert auf die Kompostierung und die Pflege der Humusschicht gelegt. Ein wichtiger Bestandteil ist eine gezielte Fruchtfolge mit mehrjährigem Futterpflanzenanbau. Ruschs mikrobiologische Bodentests dienen zur Kontrolle erfolgreicher Bewirtschaftung.

Die Müllers verstehen sich als Bewahrer der ländlichen Kultur. Ihre Sorge ist, dass die Bauern durch den immer stärkeren Einsatz von Kunstdünger und Pflanzenschutzmitteln immer abhängiger werden. Sie wollen die kleinbäuerliche christliche Lebensweise in der sich schnell verändernden, modernen Welt erhalten. Die organisch-biologischen Lebensmittel werden in der Absatz- und Verwertungsgenossenschaft »Heimat« vermarktet. Auch beim organisch-biologischen Konzept stehen die heutigen Kriterien der meisten Biokunden – keine Pestizidreste, Tierschutz und Umweltschutz – nicht im Zentrum. Sie kommen erst später, in den Siebziger- und Achtzigerjahren, hinzu.

Parallel zu den Bestrebungen im deutschsprachigen Raum entsteht in Großbritannien die Bewegung des »organischen Landbaus«. Wichtigster Auslöser ist Sir Albert Howards Buch *Mein landwirtschaftliches Testament*, das 1940 erscheint. Howard ist ein britischer Botaniker, der lange in Indien gelebt und dort traditionelle Methoden der Bodenverbesserung durch Kompost kennengelernt hatte. Seine Ideen münden in der Gründung der »Soil Association«, bis heute in Großbritannien die wichtigste Organisation für Biolandbau. Sir Howard ist davon überzeugt, dass die Menschen in manchen Kulturen Nordindiens außergewöhnlich gesund sind und führt dies auf ihre Ackerbaumethoden zurück, die angeblich gesünderes Essen hervorbringen. Der sich immer weiter ausbreitende Einsatz von Kunstdünger bewirkt seiner Meinung nach einen Niedergang der menschlichen Gesundheit. Auch Pflanzen und Nutztiere seien früher gesünder gewesen. Eine Hypothese, die durch die rasant ansteigende Lebenserwartung nach dem Zweiten Weltkrieg sehr infrage gestellt wird.

Langjährige Vorsitzende der Soil Association und Nestorin des britischen Biolandbaus ist Lady Eve Balfour. Sie gründet mit anderen die IFOAM (International Federation of Organic Agriculture Movements), die Weltorganisation des Biolandbaus. Lady Balfour lässt seit 1939 auf ihrem Gut Haughley Estate einen Teil der Felder »organisch« bewirtschaften und einen anderen konventionell. Ihr Ziel ist zu beweisen, dass die nach Biokriterien erzeugten Lebensmittel überlegen sind. Auf einer IFOAM-Konferenz im Jahr 1977 räumt sie ein, dass nach über 30 Jahren vergleichender Untersuchungen kein Unterschied im Nährwert feststellbar ist. »Die vielen chemischen Analysen der pflanzlichen und tierischen Produkte«, sagt sie, »haben keine konsistenten oder signifikanten Unterschiede zwischen den beiden Sektionen ergeben.« Allerdings ist das für Lady Balfour kein Grund, am Biolandbau zu zweifeln. »Die Nahrungskette«, erklärt sie in derselben Ansprache, »ist nicht nur ein materieller Kreislauf, sondern auch ein Energiekreislauf.« Dabei beruft sie sich auf Steiners Weltanschauung.

Der führende Kopf des Biolandbaus in den Vereinigten Staaten ist J. I. Rodale. Er führt als Erster den Begriff »organisch« ein, als Bezeichnung für Lebensmittel, die ohne Mineraldünger erzeugt wurden. 1942 bringt er die Zeitschrift *Organic Farming and Gardening* heraus. Wie Lady Balfour und Sir Howard verklärt Rodale die Landwirtschaft der Vergangenheit. »Alte Farmer erinnern sich noch, wie ihre

Großväter Getreide anbauten«, schreibt er. »Sie erzählen, wie sie alle organischen Reststoffe der Farm aufbewahrten, von gutem Getreide und dass Pflanzen und Tiere nur selten krank wurden und der Insektenfraß gering war.« Zahlreiche Berichte über Tierseuchen, massive Ernteverluste und Hungersnöte in der Vor-Kunstdünger-Zeit widerlegen diesen romantischen Blick. Dennoch gilt die Landwirtschaft der Vergangenheit in den Schriften der Bio-Theoretiker bis heute als Vorbild für die Zukunft.

10

DER GRÜNE SÜNDENFALL

Die wichtigsten Fakten in Kürze:
- Das berüchtigte Insektizid DDT hat schätzungsweise 500 Millionen Menschen vor Malaria bewahrt und ihnen so das Leben gerettet.
- Sein Verbot und seine Ächtung auch als Mittel zur Bekämpfung der Anopheles-Mücke (und damit der Malaria) haben viele Millionen Menschen in armen Ländern das Leben gekostet.
- Die düsterste Fehlentscheidung im Namen des Umweltschutzes wird jetzt allmählich rückgängig gemacht.
- Die pauschale Ablehnung von bestimmten Chemikalien oder Technologien in den Industriestaaten ist dort meist kein Problem, sie richtet in den armen Ländern aber immer wieder großen Schaden an.

Erinnern wir uns ein wenig an die Sechzigerjahre. Den Begriff »Ökologie« kannten nur Fachleute, Otto Normalverbraucher hatte noch nichts davon gehört. Das Wort »Umweltschutz« erfand ein Mitarbeiter des deutschen Innenministeriums sogar erst 1969. Ein beliebter hochmoderner Baustoff hieß in jener Zeit Asbest, Möbel und Kleider tränkte man mit Formaldehyd, die Bauern schworen auf DDT zur Schädlingsbekämpfung. Gut leben hieß damals, möglichst viel Fleisch essen, mit einem klaren Schnaps nachspülen und dann eine Filterzigarette rauchen. Wer sich nicht wohlfühlte, der griff zu den vielen bunten Pillen, die ihm der Apotheker freigiebig offerierte.

Grün waren nur die Polizei und der Förster vom Silberwald, dessen Lodenträger den deutschen Forst flächendeckend zu Fichtenformationen ordneten. Auf den Flüssen schäumten meterhoch die Rückstände von Omo und Persil. Es gab zwar ein paar Naturschützer, aber die galten als seltsame Käuze, denen man erlaubte, Vogelhäuschen aufzustellen. Der Glaube an den Fortschritt war nahezu unerschütterlich. Technikmagazine prophezeiten eine Zukunft mit fliegenden Autos. Vom linken Philosophen Ernst Bloch bis zum rechten Atomminister Franz Josef Strauß priesen alle die Segnungen moderner Atomkraftwerke. Der Trend der Zeit hieß: Mehr davon! Mehr Fortschritt, mehr Tabletten, mehr Hochhäuser, mehr Hähnchen, mehr Schweinebraten.

Alle dachten, es würde immer so weitergehen – und irrten gewaltig. Denn die Stimmung kippte plötzlich. 1962 war das Jahr des Contergan-Skandals und der Kuba-Krise. Chemie und Pharmazie verloren ihre Unschuld, Atomwaffentests beförderten die Strahlenangst. Weltuntergangsstimmung paarte sich mit Zivilisationskritik. Fortschritt und Technik wurden mehr und mehr als menschliche Hybris angesehen, die sich gegen die Natur und die eigene Spezies richtete.

In den USA wurde als Ausdruck dieser Ängste die Hippie-Bewegung geboren. Sie übte Kritik am Konsum und an der Moderne und propagierte eine Rückbesinnung auf das natürliche und unverfälschte Leben.

In diese gesellschaftliche Stimmung platzte 1962 die amerikanische Biologin Rachel Carson mit ihrem berühmten Buch *Der stumme Frühling*. Sie beschrieb darin eine düstere

Welt, in der eines Tages keine Vögel mehr zwitschern und uns erfreuen könnten. Das Buch war eine leidenschaftliche Anklage vor allem gegen die Verwendung von Dichlordiphenyltrichloräthan, kurz DDT, in der Landwirtschaft und änderte die Einstellung der Öffentlichkeit zu Insektiziden radikal. Carson machte darauf aufmerksam, dass chlorhaltige Verbindungen wie das DDT langlebig sind und sich im Körperfett anreichern. Die Stoffe wurden sogar in entlegendsten Gebieten im Körperfett von Robben oder Eisbären gefunden. Die Verbindungen gelangten auch in die Mägen von Raubvögeln. Die Schalen der Eier wurden zerbrechlich und die Brut kam um, wofür man DDT verantwortlich machte. In den USA geriet der Weißkopfseeadler auf die Liste der bedrohten Arten. Das amerikanische Wappentier ziert die Rückseite der Dollar-Münzen und liegt der Nation ganz besonders am Herzen. Der Aufschrei einer besorgten Öffentlichkeit fiel entsprechend aus. Die drei Buchstaben DDT stehen seither als die Chiffre schlechthin für die Vernichtung der Umwelt, für die Zerstörung der Erde und ihrer Lebewesen durch die lebensfeindliche Chemie. Das Buch bereitete den Boden für ein allgemeines Misstrauen gegenüber der chemischen Industrie, das immer noch unser Bewusstsein prägt.

Rachel Carson steht inzwischen auf der Liste des *Time Magazine* mit den 100 einflussreichsten Persönlichkeiten des vorherigen Jahrhunderts. Fast in Vergessenheit geraten ist hingegen der Schweizer Paul Hermann Müller, der die hervorragende Wirkung der Substanz gegen Insekten entdeckte. Dafür hatte er 1948 noch den Medizin-Nobelpreis erhalten. Dies zeigt auch, welche Kehrtwende die öffentliche Meinung in nur 15 Jahren machte. Aus dem ursprünglichen Wundermittel wurde im Handumdrehen das reine Teufelszeug. Der aufkeimende Umweltschutzgedanke löste politische Aktivitäten aus, die zur Ausmusterung und schließlich zu einem Verbot von DDT und ähnlichen Substanzen in den meisten Ländern führten. Für die Umweltbewegung gilt die Ächtung des Insektengifts als einer ihrer größten Erfolge.

Doch der ökologische Fortschritt hat eine tragische Kehrseite: Denn nicht nur die Chemie, sondern auch die Natur hat zwei Gesichter. In den Tropen erwies sich DDT als wirksamste Waffe gegen die Ausbreitung der Malaria. Seine Entdeckung war ein bemerkenswerter Etappensieg gegen diese Geißel der Menschheit, in den USA und Europa trug es dazu bei, die Krankheit innerhalb von rund zehn Jahren komplett auszurotten. Ein besserer Lebensstandard, der es leichter macht, sich zu schützen, eine sanitäre Infrastruktur und die Trockenlegung von Sümpfen gehören langfristig sicherlich ebenfalls zu einer Strategie gegen die Malaria, kurzfristig ist DDT aber unschlagbar. Doch bevor die Anopheles-Mücke, welche die Krankheit überträgt, auch in Afrika und Asien reduziert werden konnte, kam es auf Bestreben der Umweltschützer und auf Druck der Öffentlichkeit in den reichen Ländern zum Verbot der Substanz.

Die ganze Tragik dieser Entscheidung zeigen Zahlen beispielsweise aus Sri Lanka: Vor dem Einsatz von DDT gab es 1946 rund 2,8 Millionen Krankheitsfälle. 1963 wurden gerade noch 17 Menschen infiziert, dann stiegen die Zahlen mit Ausmusterung der Substanz wieder an und explodierten schließlich. 1968 zählte das Land wieder 2,5 Millionen neue Malariafälle. Auf Sansibar waren 1958 noch 70 Prozent aller Bewohner malariakrank, 1964 nur noch fünf Prozent. Ähnliche Zahlen gibt es aus vielen anderen Ländern. Es war ein Erfolg, der rückwirkend betrachtet sogar den Sieg über die Pocken in den Schatten stellt. DDT hat nach Ansicht der US-

Akademie der Wissenschaften etwa 500 Millionen Menschen das Leben gerettet – und es hätten noch viel mehr sein können.

Zu Anfang des 21. Jahrhunderts leiden weltweit wieder rund 500 Millionen Menschen an Malaria, alle 30 Sekunden stirbt ein Mensch daran. Das hätte Rachel Carson sicherlich nicht gewollt. Während sie von ihren Feinden als »Massenmörderin« dämonisiert wird, glorifizieren ihre Anhänger sie als Öko-Heilige und wollen ihre Irrtümer einfach nicht wahrhaben. Al Gore behauptete noch 1994 in einem Vorwort zu einer Neuauflage ihres Buches, sie habe uns die Augen dafür geöffnet, wie moderne Pestizide »zu verringerter Fruchtbarkeit, Brust- und Hodenkrebs und Missbildungen der Genitalorgane« bei Menschen führten. Eine faktische Grundlage für solche Behauptungen gibt es für DDT nicht. Eine Gefährdung für Menschen bei sachgerechter Benutzung konnte nach mehr als 50 Jahren eingehender Studien nicht nachgewiesen werden.

Nicht die Giftigkeit, sondern seine Beständigkeit und die Ausbreitung waren im Wesentlichen die Gründe dafür, das Nervengift zu verbieten. Die akute toxische Wirkung ist bei verschiedenen Lebewesen ganz unterschiedlich. Die unmittelbare Gefahr für den Menschen ist jedenfalls so gering, dass diese Eigenschaft ursprünglich als einer der großen Vorzüge des Mittels galt. Schon im Laufe der Sechzigerjahre zogen immer mehr Wissenschaftler die Aussagen des Buches von Rachel Carson in Zweifel. Fast ein halbes Jahrhundert später stapeln sich die wissenschaftlichen Langzeituntersuchungen, Fallstudien und Labortests, welche die weitgehende Harmlosigkeit des Stoffes belegen, allesamt veröffentlicht in seriösen medizinischen Fachzeitschriften wie *The Lancet*. Selbst der Schuldspruch in Sachen dünnwandiger Vogeleier wird inzwischen teilweise eingeschränkt, weil dabei auch andere Umwelteinflüsse eine Rolle gespielt haben können.

Dennoch ist das DDT-Verbot in der landwirtschaftlichen Nutzung auf der Basis der damaligen Situation nachvollziehbar, zumal es dort in exorbitanten Mengen in die Umwelt gebracht wurde. Für die Landwirtschaft gibt es zudem preiswerte alternative Mittel – in der Malariabekämpfung leider nicht. Anstatt DDT sinnvollerweise nur im Agrarbereich gesetzlich aus dem Verkehr zu ziehen, arbeiteten die Chemiegegner weiterhin auf ein absolutes Verbot hin. DDT galt als reines Werk des Teufels und dieser musste mit allen Mitteln ausgetrieben werden. »Wenn die Umweltbewegung über DDT obsiegt, wird sie eine nie dagewesene Autorität gewinnen. Es geht um viel mehr als nur um DDT«, sagte Charles Wurster, Wissenschaftler beim amerikanischen »Environmental Defense Fund«. Ein ideologisches Reinheitsgebot von Umweltschützern in den Industrieländern wurde so über das Wohlergehen von Millionen Menschen in den Entwicklungsländern gestellt. Nichts belegt diesen großen Sündenfall der Umweltbewegung besser als ein Zitat von Alexander King, dem Mitbegründer des Club of Rome: »Mein Hauptproblem mit DDT ist, dass es die Überbevölkerung verstärkt.«

Von Entwicklungshilfe abhängige Länder wurden von den Industrienationen genötigt, auch dort auf DDT zu verzichten, wo es gegen krankheitsübertragendes Ungeziefer eingesetzt wurde – selbst in Wohnbereichen, in denen das Mittel ausschließlich und direkt zur Malariaprävention verwendet wurde. Und dies, obwohl die dafür notwendigen Mengen im Vergleich zum landwirtschaftlichen Einsatz verschwindend gering und ökologisch verkraftbar waren. Was in der Landwirtschaft einst auf einer einzigen Baumwollplantage ausgebracht wurde, genügte, um sämtliche Häuser in einem Land wie Guyana vor der Malariamücke zu schützen.

Es wird sich nicht ganz vermeiden lassen, dass sich DDT im Körperfett jener Menschen anreichert, in deren Behausung es versprüht wird. Aber warum soll man den Betroffenen nicht die Entscheidung überlassen, welches Risiko sie lieber eingehen wollen: die Bedrohung durch Malaria oder etwas erhöhte Rückstandsgehalte im Körperfett und in der Muttermilch? Egal, wie groß man das gesundheitliche Langzeitrisiko von DDT einschätzt, niemals wurden Nebenwirkungen erkennbar, die auch nur annähernd mit den Folgen der Malaria vergleichbar wären.

Die Vogelwelt hat sich inzwischen erholt. Doch aus dem »Stummen Frühling« wurden vielerorts stumme Hütten und Dörfer. In Südafrika beispielsweise stiegen die Malariaraten um 1000 Prozent an. Die Mücken kehrten massenweise zurück und entwickelten nun auch Resistenzen gegen die Medikamente, die sich viele Betroffene ohnehin nicht leisten konnten. Die Krankheit zerstörte ganze Familien und zwang sie in Armut, sie konnten ihre Felder nicht mehr bestellen und das Vieh nicht mehr betreuen. In stark befallenen Regionen ging die Hälfte aller Krankheitstage auf das Konto dieser Krankheit, die private Überschuldung stieg dramatisch an.

Für die betroffenen Länder kam dadurch ein Teufelskreis in Gang. Eine Untersuchung der Harvard University kam zu dem Ergebnis, dass Afrika Anfang des 21. Jahrhunderts über ein um ein Drittel höheres Sozialprodukt verfügt hätte, wäre die Malaria 1965 ausgerottet worden. Aus schierer Verzweiflung griffen die Afrikaner wieder auf DDT zurück. In Madagaskar starben 1986 etwa 100 000 Menschen an Malaria, durch den erneuten Einsatz von DDT verringerte sich diese Zahl innerhalb von zwei Jahren um 90 Prozent.

Hunderte von Wissenschaftlern, einschließlich mehrerer Nobelpreisträger, unterschrieben eine Petition, DDT nicht abrupt aus dem Verkehr zu ziehen. Es sei unethisch, in den ärmsten Ländern das Risiko von tödlichen Infektionskrankheiten noch weiter zu erhöhen. Selbst einigen ausgewiesenen Grünen, wie dem amerikanischen Verbraucheranwalt Ralph Nader, ging der Hut hoch. Nader sprach sich für den Einsatz von DDT aus. 2007 hat sich die amerikanische Behörde für Entwicklungshilfe dafür ausgesprochen, DDT im Kampf gegen die Malaria wieder zu verwenden. Auch der neue Direktor des Malariaprogramms der WHO, Arata Kochi, plädierte dafür, wieder DDT zu versprühen: »Das Mittel stellt kein Gesundheitsrisiko dar, wenn es in Innenräumen vorschriftsmäßig angewendet wird.«

»DDT ist ein überaus wichtiges Insektizid beim Kampf gegen die Malaria«, betonte Bony Malobo vom nationalen südafrikanischen Gesundheitsministerium zum Afrika-Malaria-Tag 2007. Die Zahl der Malariafälle habe sich seit dem erneuten Beginn des DDT-Einsatzes mehr als halbiert, die Zahl der Todesfälle durch die von Stechmücken übertragene Krankheit sei um 73 Prozent gesunken. Südafrika gehört ebenso wie das Nachbarland Mosambik zu den Ländern im südlichen Afrika, die entgegen den Bedenken von Umweltschützern inzwischen wieder DDT im Kampf gegen die Stechmücken einsetzen.

Die Vorteile liegen auf der Hand. Das Insektizid ist billig und lange wirksam, sodass die Zimmerwände nur einmal im Jahr damit besprüht werden müssen. Der Stoff gelangt so auch nicht in die Nahrungskette. Dennoch machen westliche Importeure von Agrarprodukten Front gegen den Einsatz von DDT, weil sie die Angst ihrer Kunden in den Industrieländern fürchten. In Uganda ging sogar ein großer Tabakkonzern gegen DDT auf die Barrikaden. Das hypothetische Risiko von DDT-Spuren in Zigaretten machte den Verantwortlichen erheblich mehr Sorgen als die unmittelbaren lebensgefährlichen Folgen des Rauchens.

Auch das deutsche Entwicklungshilfe-Ministerium spielt in dieser Angelegenheit keine besonders rühmliche Rolle. »Das deutsche Geld wird für die Behandlung der Tropenkrankheit ausgegeben, nicht für die Prävention«, sagt Shiva Murugasampillay vom globalen Malariaprogramm der WHO. »Die Projekte des Bundesentwicklungshilfe-Ministeriums gegen Malaria sind entweder Eintagsfliegen oder wirkungslos«, heißt es ergänzend aus dem Berliner Tropeninstitut. Die Experten fordern, was die Bundesregierung faktisch unterbindet: den Einsatz von DDT. Doch das Ministerium will seine Politik nicht ändern: »Mit unserem Geld werden Mückennetze gekauft, welche die Menschen in Malariagebieten über ihr Bett hängen.« Leider hat sich diese Methode in der Praxis nicht als besonders wirksam erwiesen.

Politische Korrektheit siegt über erdrückende Fakten, der Schutz der Umwelt wird über den des Menschen gestellt. Ein ursprünglich gutes Anliegen ist in vielen Bereichen in Misanthropie umgeschlagen, ohne dass dies den Beteiligten bewusst wäre. Es gibt keinerlei Zweifel oder gar ein Unrechtsbewusstsein. Bei genauerem Hinsehen geht es hier nicht mehr um ein Denken in globalen Zusammenhängen, sondern um einen gnostischen Reinheitskult westlicher Eliten. Die nüchterne Abwägung zwischen den Vor- und Nachteilen eines Verfahrens oder einer Substanz wird bereits als Zumutung empfunden und die Entscheidung für das geringere Übel als Verrat. Das ist das Problematische an abstrakten Geboten wie »chlorfrei«, »chemiefrei«, »atomfrei« oder neuerdings »gentechnikfrei«, die gegen den technischen Fortschritt als solchen in Stellung gebracht werden.

Das generelle Verbot von DDT ist so auch ein Lehrstück über ein falsches Verständnis des sogenannten Vorsorgeprinzips: Es werden in der Regel nur die Risiken betrachtet, die ein neues Verfahren oder eine neue Substanz mit sich bringen könnte. Nicht ins Kalkül gezogen werden hingegen jene Risiken, die durch die Nicht-Anwendung zum Tragen kommen. Beides muss jedoch gegeneinander abgewogen werden. Wenn das nicht getan wird, dann erreicht man das Gegenteil des eigentlich Wünschenswerten: Eine Zunahme der Risiken und Unsicherheiten, mit denen Menschen in ihrem Alltag konfrontiert sind. Falsch ausgelegt reduziert das Vorsorgeprinzip unsere Fähigkeit, auf die bestehenden Risiken angemessen zu reagieren. Bestimmte Zusatzstoffe in Lebensmitteln, die Pasteurisierung von Milch, Chlor im Trinkwasser: All diese Verfahren dienen ja auch dazu, Lebensmittel gegen Verderbnis zu schützen und sicherer zu machen. Wer darauf aus diffusen Ängsten ganz verzichtet, erhöht sein Risiko eher, als dass er es senkt. Und so verhielt es sich auch mit dem gänzlichen Verzicht auf DDT. Nur dass hier der von den Wohlstandsländern erzwungene Verzicht auf Kosten der Menschen in den armen Ländern ging. Das Beispiel sollte die westlichen Verbraucher lehren, auch einmal über den eigenen Tellerrand hinauszuschauen. Semireligiöse Kampagnen gegen Chemie in Nahrungsmitteln (oder auch die Gentechnik) zeitigen andernorts unter Umständen verhängnisvolle Nebenwirkungen und hindern Menschen daran, sich zu schützen oder durch höhere Ernteerträge Hunger oder Mangelernährung zu lindern. Wirklich verantwortungsbewusste Verbraucher sollten die Dinge differenziert betrachten und überzogenen Kampagnen entgegentreten – auch wenn diese im Bekanntenkreis gerade populär sind.

Die sich ausbreitende Malaria konfrontiert inzwischen auch immer mehr europäische und amerikanische Touristen mit dem Fluch der vermeintlich guten Tat. Vielleicht hilft dies auch der breiteren Öffentlichkeit, zu einer realistischeren Risikoabwägung zurückzukehren. Langfristig hoffen die Menschen in den betroffenen Ländern auf einen wirksamen und erschwinglichen Impfstoff gegen die Malaria – und damit wieder auf die Chemie.

11

DIE ANGSTKAMPAGNEN

Die wichtigsten Fakten in Kürze:
- Durch bessere Hygiene und Ernährung hat sich die Lebenserwartung der Menschen in Europa in den letzten 200 Jahren verdoppelt.
- Noch nie war die Sicherheit von Lebensmitteln so groß wie heute.
- Die Gefahren durch Pestizidrückstände und andere Lebensmittelbelastungen werden von Spendenorganisationen systematisch aufgebauscht.
- Der Lebensmittelhandel unterwirft sich den Ideologen.
- Die staatlichen Rückstandskontrollen in Deutschland reichen völlig aus.
- Es findet keine Aufklärung statt. Die meisten Medien schwanken zwischen Hysterie und Desinteresse.
- Manchmal entfachen Firmen einen Skandal, um ihrer Konkurrenz zu schaden.

Mit Schwermetallen belastete Lebensmittel gefährden die menschliche Gesundheit. Jüngste Skandale: Kupfer in der Milch und Blei im Wein. Das kommt uns doch irgendwie bekannt vor. Typisch für die moderne Industriegesellschaft? Vorsicht: Diese Meldung ist über 200 Jahre alt. Louis-Sébastien Mercier notierte damals die Alltagssorgen der französischen Hauptstadtbewohner. Die hygienischen Verhältnisse der vergangenen Jahrhunderte sind für uns heute nur noch schwer vorstellbar. Überall landeten Müll und Unrat unkontrolliert in den Gassen oder wurden in die Flüsse gekippt, die gleichzeitig die Trinkwasserleitungen speisten. Durch das Gift von Mutterkornpilzen, mit denen das Getreide verunreinigt war, wurden in den vergangenen Jahrhunderten ganze Landstriche entvölkert. Die Nahrungsmittel waren früher nicht gesünder als heute. Ganz im Gegenteil.

In den Städten entwickelte sich das Metzgergewerbe immer mehr zum Problem. Blut, Schmutz, Gestank, Lärm und Wasserverschmutzung machten das Schlachten innerhalb der Stadt zu einem wachsenden Problem. Hinzu kamen Abdecker, Seifensieder, Kerzenmacher, Knochenmüller, Leimsieder, Gerber und andere tierische Abfälle verwertende Gewerbe. Grassierende Viehseuchen und die Entdeckung der Trichinenkrankheit, die sich durch Schweinefleisch auf den Menschen überträgt und häufig tödlich endet, gaben schließlich den Ausschlag, eine staatlich kontrollierte Vieh- und Fleischbeschau einzuführen. Am 1. Januar 1867 wurde in Paris das erste zentrale Schlachthaus in Europa eröffnet. »Es kann so viele Tiere aufnehmen, wie Paris im Laufe mehrerer Tage verzehrt«, begeisterte sich der damalige Stadtpräfekt. Die Mechanisierung des Schlachtens hatte ausgehend von Chicago auch in Europa begonnen und brachte die Fleischindustrie hervor. Henry Ford soll die Idee zur Fließbandfertigung von Automobilen angesichts der Schlachthöfe von Chicago gekommen sein.

Das Schlachten am laufenden Band erfreute sich dabei einer breiten gesellschaftlichen Zustimmung. Gelehrte wie Justus von Liebig propagierten »proteinhaltige Lebensmittel für die Massen«. Sozialaktivisten, darunter Friedrich Engels, forderten eine »Demokratisierung des Fleischverzehrs«. Politische Revolutionäre waren sich einig: Fleisch sollte nicht mehr Luxusartikel für Adel und gehobenes Bürgertum sein, sondern ein die Gesundheit förderndes Lebensmittel, vor allem für die Arbeiter in den neu entstehenden industriellen Großbetrieben.

Die Ernährungssituation der Fabrikarbeiter war miserabel. Die heimischen Mahlzeiten bestanden oft aus kalten Speisen und Alkohol, denn die Arbeiter und Arbeiterinnen hatten keine Zeit, die mit Holz geheizten Herde anzuwerfen, um für ihre Familien zu kochen. In den Fabriken gab es zwar warmes Kantinenessen, aber die Zutaten waren oftmals so billig und karg, dass es für eine ausreichende Ernährung ebenfalls nicht reichte. Viele litten an Unterernährung und an Mangelkrankheiten, viele Kinder starben in den ersten Monaten und Jahren ihres Lebens. Louis Pasteur fand heraus, dass Krankheitskeime in der Milch durch Erhitzung abgetötet werden können (Pasteurisierung). Erfinder der modernen Lebensmittelproduktion wie der Schweizer Julius Maggi wurden zugleich als soziale Pioniere empfunden. Die Tütensuppe hielt in den Küchen Einzug – zum Segen derer, die kein Geld oder keine Möglichkeit hatten, sich die Zutaten für eine warme Suppe selbst zusammenzustellen. Maggi unterzog seine Produkte regelmäßig unabhängigen Kontrollen.

Die Gefahr von Erkrankungen und Vergiftungen durch Nahrungsmittel ist seit dem 19. Jahrhundert in Nordamerika und Europa dank moderner Hygiene und Konservierungsstoffe drastisch zurückgegangen. Die Lebenserwartung der Europäer hat sich in den letzten 200 Jahren verdoppelt. Plastikversiegelung und Dose mögen unsere Nahrungsmittel »entfremden«, sie sind aber ein Gewinn für die menschliche

Gesundheit. Zu den segensreichsten Entwicklungen der Menschheit gehören Kühlschrank und Tiefkühltruhe. Alte Konservierungsmethoden wie Pökeln und Räuchern verursachen bis in die heutige Zeit hinein Magenkrebs. Die Nutzung von Kühlschränken geht nach internationalen Vergleichen auffällig mit dem Rückgang der Magenkrebshäufigkeit einher. Frische Lebensmittel verdrängen inzwischen weitgehend geräucherte oder gepökelte Speisen.

Die Tatsache, dass auch Bezieher niedriger Einkommen heute bei jedem Discounter preiswert frisches Obst oder Gemüse erwerben können, hätte unsere Vorfahren erstaunt. Die allgemeine Zugänglichkeit vitaminreicher Kost ist eine der großen Errungenschaften unserer Zeit. Das Risiko, durch Rückstände Schaden zu nehmen, ist dabei winzig im Vergleich zu den zahlreichen Folgen der Mangelernährung in vergangenen Zeiten.

Doch die Angst vor ungesundem Essen hat nicht ab-, sondern zugenommen. Besonders gefürchtet sind Inhaltsstoffe mit chemisch klingenden Namen. Der Freiburger Fernsehjournalist David Harnasch wollte genau wissen, wie leicht man Furcht vor Chemie schüren kann. Er ging mit seinem Kamerateam auf die Straße und sammelte Unterschriften für ein Verbot von Dihydrogenmonoxid. Wahrheitsgemäß erklärte er den Passanten, dass Dihydrogenmonoxid in fast allen Nahrungsmitteln enthalten ist, auch in Babynahrung. Bauern spritzen es auf die Felder und wer es einatmet, stirbt. Nur das deutsche Wort für die chemische Bezeichnung Dihydrogenmonoxid verriet er seinen Zuhörern nicht: Wasser. Aber danach fragte ihn auch niemand. Die spärliche Information reichte, damit besorgte Bürger den Anti-Wasser-Aufruf unterschrieben. Niemand wollte genau wissen, was das für eine Substanz sei und ob sie vielleicht auch zu etwas gut sein könnte. Es genügte der Klang einer nicht geläufigen Vokabel aus der Chemie und alle Angesprochenen gaben ihre Unterschrift. »Wir haben nicht gelogen«, meinte Harnasch, »nur manche Eigenschaften des Stoffs überbetont und manche verschwiegen. Dies ist exakt die gleiche Methode, die vermeintlich seriöse Vereine benutzen, um vorgeblich die Welt zu retten.«

Die in der Bevölkerung weitverbreitete Chemophobie bildet den Nährboden für Pseudo-Skandale und Medienhypes. Kaum jemand fragt bei anschwellenden Angstwellen nach konkreten Krankheitsfällen. Es genügen ein bedrohlich klingender Name und ein paar Spekulationen über potenzielle Gefahren. »Heute gilt Chemie im kollektiven Bewusstsein praktisch als Synonym für Sünde«, schrieb der Wissenschaftsredakteur Joachim Müller-Jung in der *Frankfurter Allgemeine Zeitung*. Das hat in Deutschland eine lange Tradition, die von der Romantik über die Jugendbewegung um 1900 bis zur Alternativszene der Siebzigerjahre reicht. »Die Zivilisation«, schrieb Ludwig Klages, ein Vorläufer der heutigen Ökologisten, »trägt die Züge entfesselter Mordsucht, und die Fülle der Erde verdorrt vor ihrem giftigen Anhauch.« Der Heimatschützer und Antisemit Klages gehörte zu den Idolen der lebensreformerischen Strömungen im Kaiserreich und auch im Nationalsozialismus waren seine Schriften überaus populär.

Obwohl Menschen noch nie so reichhaltiges, vielfältiges und gesundes Essen zur Verfügung hatten wie heute in den Industrieländern, ist die Angst, sich falsch zu ernähren, größer denn je. Die Massenmedien suchen nach immer neuen Erregungsanlässen, die in Form einer immer gleichen Affektkurve ablaufen. Kurzes Vorspiel, schneller Anstieg bis zum hysterischen Höhepunkt, auf dem jedes noch so unwichtige

Detail lang und breit ausgewalzt und auf allen Frequenzen wiederholt wird, und schließlich das Versickern im Sand der tagtäglichen Nachrichtenübersättigung. Wie in archaischen Stammesritualen trommelt sich die Medienkultur selbst in Trance. Auf dem Höhepunkt der BSE-Panik druckte die Düsseldorfer *Rheinische Post* den Brief eines verängstigten Lesers, der wissen wollte, ob er sich an seinem Rindsledersofa anstecken könne.

Im Frühsommer 2007 warnten – wie in den Jahren zuvor – Greenpeace und Foodwatch die Verbraucher vor Pestizidrückständen auf Obst und Gemüse. Viele Medien berichteten – wie gewohnt – völlig unkritisch von den vermeintlichen Gefahren. Bei Hunderten von Proben hatten die selbst ernannten Verbraucherschützer Rückstände chemischer Pflanzenschutzmittel festgestellt. Einige wenige lagen oberhalb der Grenzwerte, die allermeisten jedoch im gesetzlichen Rahmen. Wobei man wissen sollte (was zumeist nicht gedruckt oder gesendet wird), dass Grenzwerte in der Regel 100- bis 100 000-mal tiefer angesetzt sind als der Wert, bei dem im Tierversuch eine Gesundheitsgefährdung beginnt. 40 Prozent der behördlich getesteten Obst- und Gemüseproben sind vollkommen rückstandsfrei.

Greenpeace begründete mit diesem angeblichen Skandal die Forderung nach neuen, von Greenpeace festgelegten Grenzwerten. Sie sollten 70 Prozent der gesetzlich zulässigen Dosis betragen. Eine komplett willkürliche Zahl, es hätten genauso gut 60 oder 80 Prozent sein können. Eine toxikologische Begründung für die 70 Prozent gibt es nicht. »Das funktionierende, wissenschaftlich fundierte Regelwerk zur Gewährleistung hoher Sicherheitsstandards wird ausgehebelt«, schrieb der Wissenschaftsjournalist Thomas Deichmann in *Die Welt*. Obwohl die Forderung offensichtlich irrational war und nur aus Propagandagründen erhoben wurde, unterwarfen sich die großen Einzelhandelsketten von Aldi bis Real dem Greenpeace-Verdikt. Lidl bot der Organisation sogar an, bei der Qualitätskontrolle mitzubestimmen. Solche Protest-Coups freuen die Analyseservicefirmen, die mehr Aufträge bekommen. Die dadurch entstehenden Kosten in Höhe zweistelliger Millionenbeträge schlagen die Handelskonzerne auf den Preis von Obst und Gemüse auf. Die Konsumenten zahlen mehr, ohne einen gesundheitlichen Vorteil zu bekommen. Leidtragende sind auch die sogenannten Vertragslandwirte, die wie Zulieferfirmen in der Autoindustrie ihren Anbau ganz auf eine Lebensmittelkette zugeschnitten haben. Sie müssen nun die ohnehin schon strengen Gesetze übererfüllen und dadurch immer mehr Ausfälle durch Schädlingsbefall in Kauf nehmen.

Die immer wieder neu geschürten Angstkampagnen laufen nach ähnlichen Mustern ab. Damit die Redaktionen richtig heiß werden, empfiehlt es sich, ein prominentes Gift herauszupicken, das einen möglichst gruseligen Ruf hat. Das verstand Foodwatch sehr geschickt, als die Organisation 2005 vor der »Langzeitvergiftung« durch Dioxin in Tierfuttermitteln warnte. Wieder war die Aufregung erheblich. Dioxin ist eines der unheimlichsten und bekanntesten Gifte. Laut Bundesumweltamt beträgt die durchschnittliche tägliche Aufnahme von Stoffen aus der berüchtigten Giftgruppe (bestimmte Dioxine, Furane und dioxinähnliche PCBs) rund zwei Picogramm pro Kilogramm Körpergewicht. Als Foodwatch dies zum Skandal erklärte, fragte niemand, ob diese Menge überhaupt gesundheitlich relevant sei. Richtig an der schrillen Warnung war lediglich, dass die durchschnittliche Belastung über dem Richtwert lag, den die Weltgesundheitsorganisation (WHO) aus Vorsorgegründen empfiehlt. Sie blieb jedoch im Bereich der »duldbaren täglichen Aufnahme« nach WHO-Richtlinien.

Solche Informationen können von Lesern und Zuschauern aber erst sinnvoll eingeordnet werden, wenn man sie ins Verhältnis zu geläufigen Gefahren setzt. Der amerikanische Toxikologe Bruce Ames tat dies, als er die Giftigkeit von TCDD (des giftigsten Stoffes aus der Gattung der Dioxine) mit Alkohol verglich. Die im US-Grenzwert festgelegte Dosis, so Ames, besitzt das krebsauslösende Potenzial von einem Bier in 345 Jahren. Obendrein enthalten viele natürliche Lebensmittel dioxinähnliche Stoffe, welche die gleiche Wirkung besitzen. Eine Portion Brokkoli entspricht einer Menge Dioxin, die weit über dem Grenzwert liegt. Um die Bedrohung besser einordnen zu können, ist auch der Fakt nicht uninteressant, dass die Dioxinbelastung in Deutschland seit einigen Jahren um 60 Prozent abgenommen hat, die Belastung in der Muttermilch ist seit den Achtzigerjahren um mehr als 50 Prozent gesunken. »Bei allem Hang zum Giftigen«, schreibt der Wissenschaftsjournalist Thilo Spahl über Foodwatch, »meidet daher die Truppe um Ex-Greenpeace-Chef Thilo Bode eines wie Dracula das Morgenlicht: die Wissenschaft von den Giften, die Toxikologie.«

In den Kampagnen von Greenpeace, Foodwatch und ähnlichen Organisationen wird immer wieder unterstellt, die Gesundheit der Menschen sei in Gefahr, wenn die geringsten Pestizidreste auf Obst und Gemüse entdeckt werden. Dabei entsteht der Eindruck, als seien die offiziellen Lebensmittelkontrollen lasch und würden viel zu selten durchgeführt. Doch in Deutschland wird umfassender auf Rückstände geprüft als in allen anderen EU-Ländern und den meisten Staaten der Erde. Ein Viertel der 55 000 Stichproben von Obst, Gemüse und Getreide, die im Jahr 2004 EU-weit genommen wurden, entfiel auf Deutschland. Die Kontrolleure untersuchten die Proben nach 600 verschiedenen Wirkstoffen, doppelt so viele, wie in Deutschland zugelassen sind. Somit übertrifft auch die Breite der Untersuchung die Kontrollen der anderen Mitglieder (im EU-Durchschnitt wird nach 169 Substanzen ermittelt). Bei acht Prozent der Proben fanden die Kontrolleure Rückstände über der zulässigen Höchstgrenze. Doch auch dieser Prozentsatz ist nicht repräsentativ, da die Behörden verstärkt Händler und Importeure kontrollieren, die schon einmal durch Überschreitungen aufgefallen sind.

Aussagekräftiger sind die Ergebnisse des koordinierten EU-Untersuchungsprogramms. Dort wurden bei 2,4 Prozent der Proben aus Deutschland zu hohe Werte festgestellt. Von einer laschen Kontrolle kann also keine Rede sein. Den mit großer Medienbegleitung durchgeführten Untersuchungen der Spendenorganisationen (Greenpeace nahm 600 Proben für die Pestizidkampagne 2007) steht das Zehnfache an Kontrollen amtlicher Stellen und das Hundertfache an Probenahmen der Lebensmittelwirtschaft gegenüber.

Die Europa-Bilanz für das Jahr 2005 (veröffentlicht im Oktober 2007) sah so aus: 60 000 Proben in 28 europäischen Ländern wurden genommen. Die Hälfte war völlig rückstandfrei, 41 Prozent lagen innerhalb der zulässigen Höchstmenge und bei knapp fünf Prozent wurde diese überschritten. Die Hälfte davon war allerdings Importware aus nicht-europäischen Ländern.

Realistisch betrachtet bräuchte niemand Angst vorm Essen zu haben, selbst wenn in Deutschland weniger getestet würde, wie es in unseren Nachbarländern der Fall ist. Deutsche Behörden neigen eher dazu, sinnlos viel zu testen, koste es, was es wolle. So werden seit Jahren Hunderte Millionen

Euro für BSE-Tests verschleudert, die nichts bringen, wie Sucharit Bhakdi, Leiter des Instituts für Mikrobiologie und Hygiene an der Universität Mainz, kritisiert. »Millionen Gehirne von gesunden Rindern zu untersuchen ist völlig sinnlos«, sagt er. In Deutschland wurde BSE bis zum Jahr 2007 bei etwas über 400 Tieren diagnostiziert, bei denen die Krankheit jedoch noch nicht ausgebrochen war. Bisher ist kein Fall der neuen Variante der Creutzfeldt-Jakob-Krankheit (vCJD) in Deutschland aufgetreten (diese tödliche Gehirnerkrankung wird höchstwahrscheinlich durch den Verzehr BSE-verseuchter Rindfleischprodukte übertragen). Während für viel Geld Hunderttausende gesunder Rinder getestet würden, kritisiert Bhakdi, fehle es an Mitteln, um wirksam Grippeerkrankungen in der Bevölkerung zu diagnostizieren. Doch im Gegensatz zu BSE kosten Grippewellen manchmal Tausende Menschenleben.

Im Gegensatz zur öffentlichen Wahrnehmung ist die Ausbreitung von BSE in Deutschland ziemlich glimpflich verlaufen, von einer seuchenartigen Dimension kann keine Rede sein. Sogar in Großbritannien, wo die Krankheit wirklich seuchenartige Ausmaße erreichte (knapp 180 000 infizierte Rinder), bekamen wesentlich weniger Menschen vCJD als befürchtet. Bis zum Sommer 2007 waren 162 vCJD-Fälle registriert. Im Jahr 2000 sagten manche Experten noch 136 000 britische Opfer voraus, 1998 sogar 500 000. Als im Winter 2000/2001 die BSE-Panik ihren Höhepunkt in Deutschland erreichte, schrumpfte der Rindfleischkonsum um ein Drittel und ein Viertel der deutschen Rinderhalter gab die Zucht auf. Allein im Januar 2001 erschienen 1311 Artikel über den Rinderwahnsinn, die zum allergrößten Teil akute Lebensgefahr für die Verbraucher unterstellten. Der damalige Bundeskanzler entließ zwei Minister und rief die

Agrarwende aus. Der Biobauer wurde zur staatlichen Leitfigur erhoben. Wie immer bei solchen Hysteriewellen verlief die Berichterstattung im Sande. Dass alles ganz anders gekommen ist, wurde nie zum öffentlichen Thema. Dieses Muster ist allen Lebensmittelskandalen gemeinsam. Der Panik folgt das Nachrichtenvakuum. Entwarnung gibt es nie. So stapelt sich im Bewusstsein vieler Medienkonsumenten Skandal auf Skandal, Angst auf Angst. Nur die wenigsten erinnern sich konkret, wie die jeweilige Sache eigentlich ausgegangen ist. Es bleibt das diffuse Gefühl ständiger Bedrohung und ein tiefes Misstrauen gegen die staatlichen Behörden.

Die Inflation der Schreckensmeldungen gleicht der apokalyptischen Hysterie in der frühen Neuzeit. Um das Jahr 1520 erschienen im deutschsprachigen Raum 150 Drucke, die das bevorstehende Ende der Welt in schrillen Tönen ausmalten. Die Möglichkeiten des noch jungen Buchdrucks ermöglichten es erstmals, Bilder und Texte in großer Zahl unters Volk zu bringen, und schon entstanden die Vorläufer der *Bild*-Zeitung. Dass der Weltuntergang damals ebenso wenig stattfand wie heute der Massentod durch Pestizidrückstände, Gentechnik oder sonstiges Teufelszeug im Essen, tat dem Erfolg der fliegenden Blätter keinen Abbruch.

Nun sollte man meinen, dass wir heute etwas aufgeklärter sind als im 16. Jahrhundert, schließlich stehen uns die wissenschaftlichen Erkenntnismethoden zur Verfügung, um Gefahren realistischer abzuschätzen. Doch auch im 21. Jahrhundert haben Fakten gegen Emotionen kaum eine Chance. »Auch gefühlte Risiken erfordern staatliches Handeln«, überschrieb das Bundesinstitut für Risikobewertung eine Presseerklärung im November 2007. »Auch wenn aus wissenschaftlicher Sicht«, heißt es darin, »ein gesundheitliches

Risiko bei Lebensmitteln oder Produkten klein ist, kann der Staat zum Handeln gezwungen sein, wenn das Risiko in der Öffentlichkeit als groß empfunden wird.« Als Beispiel führt das Bundesinstitut die Furcht vor Pestiziden auf: »So ist beispielsweise das gefühlte Risiko bei Rückständen von Pestiziden in Lebensmitteln bei deutschen Verbrauchern groß. Selbst wenn gesetzliche Rückstandshöchstmengen eingehalten werden, befürchten viele Menschen gesundheitliche Schäden, wenn sie solche Lebensmittel verzehren. Aus wissenschaftlicher Sicht ist hingegen selbst bei sporadischen Überschreitungen der Höchstmenge kein gesundheitliches Risiko erkennbar. Wird dagegen auf bestimmte Pflanzenschutzmittel wie zum Beispiel Fungizide beim Anbau von Getreide verzichtet, können durch Pilzbefall Schimmelpilzgifte ins Korn gelangen. Von diesen Pilzgiften ist bekannt, dass sie Krebs auslösen. Aus wissenschaftlicher Sicht sind daher Getreideprodukte aus pestizidfreiem Anbau wegen der möglichen Belastung mit diesen Giften keineswegs frei von gesundheitlichen Risiken. Viele Verbraucher empfinden sie aber dennoch als sicher.« Die Konsequenz, welche die Regierungsbehörde aus dieser Erkenntnis zieht, ist erstaunlich. Anstatt bessere Aufklärung anzubieten, stellt sich das Bundesinstitut für Risikobewertung auf den Standpunkt, diffuse Ängste müssten genauso ernst genommen werden wie echte Gefahren. Dass man durch diesen amtlichen Segen die Angstgefühle immer weiter verstärkt, kommt den Autoren nicht in den Sinn.

Nach BSE setzte sich die Kette der vermeintlichen Lebensmittelskandale ungebremst fort. Bereits im Jahr 2002 grassierte wieder die Angst vorm Essen: Dabei ging es um das seit 1988 in Westdeutschland und seit 1990 in Ostdeutschland verbotene Unkrautvernichtungsmittel Nitrofen, das in Eiern und Geflügelfleisch nachgewiesen werden konnte. Aufgrund von Tierversuchen wird Nitrofen als krebserregend eingestuft. Ironischerweise waren es diesmal ausgerechnet Bioprodukte, in denen man das Gift fand – aber das war Zufall. Als Quelle der Verunreinigung stellte sich ein Lagerhaus für Futtermittel in Mecklenburg heraus. Dort hatte man früher das Herbizid gelagert und die Halle danach nicht gründlich gereinigt. Wie fast immer war die Aufregung groß, die reale Gefahr jedoch eher begrenzt. Hunderte von Landwirtschaftsbetrieben wurden vorübergehend geschlossen, Zehntausende Hühner und Puten notgeschlachtet. Danach untersuchte im Auftrag des Verbraucherschutzministeriums die agrarwissenschaftliche Fakultät der Universität Rostock den Fall. Ergebnis: Eine Nitrofen-Belastung in einem gesundheitsgefährdenden Ausmaß konnte nicht nachgewiesen werden.

Wenig später erschütterte der Acrylamid-Skandal die Nation. »Knuspriges Gift – Acrylamid in Chips und Keksen größte Lebensmittelgefahr seit Jahren«, titelte die *Süddeutsche Zeitung.* Acrylamid entsteht als Nebenprodukt beim Frittieren, Braten oder Rösten stärkehaltiger Lebensmittel. Es ist besonders in Pommes frites, Kartoffelchips, Keksen, Cornflakes und Brot enthalten. Im Jahr 2002 hatte Schwedens Lebensmittelbehörde Alarm geschlagen, dass diese als krebserzeugend und erbgutverändernd eingestufte Chemikalie in viel mehr Lebensmitteln als zuvor gedacht vorkomme. Einige Wissenschaftler reagierten skeptisch, denn seit die Menschheit das Rösten und Backen erfunden hat, nimmt sie Acrylamid zu sich. Unsere Urahnen hatten also lange Zeit, sich an dieses Gift zu gewöhnen. Ein Jahr später kam die Entwarnung, ebenfalls aus Schweden. Die fanden interessierte Leser dann aber nicht mehr auf den Titelseiten, sondern weit hinten in den Zeitungen versteckt unter »Wissenschaft« oder unter »Vermischtes«. Nachdem er und seine Kollegen aus Schweden und den USA Daten von Tausenden Patienten ausgewertet hatten, erklärte Gunnar Steineck, Professor für Krebsepidemiologie am Karolinska Institut, Stockholm: »In den Mengen, in denen es von normalen Essern aufgenommen wird, verursacht Acrylamid keinen Krebs.« Die Wissenschaftler wiesen auch darauf hin, dass in den Tierversuchen Ratten und Mäuse die 100- bis 1000-fache Dosis dessen erhalten hatten, was Menschen beim Essen aufnehmen. Dies ist die übliche Methode, um festzustellen, ob ein Stoff Krebs auslösen kann.

Die Aktivisten, welche die wechselnden Lebensmittelskandale anfachen, und der gläubige Journalistentross, der ihnen folgt, posieren als Aufklärer. Doch ihr hysterischer Umgang mit kleinsten Gefahren ist das Gegenteil von Aufklärung. Jegliche Relation für Lebensrisiken geht verloren. Menschen, die sich bedenkenlos auf ein Pferd oder ein Motorrad setzen, fürchten sich vor einer Tüte Pommes frites. Die Lebensmittelindustrie wird nur noch als Gangsterbande wahrgenommen und die staatlichen Behörden als Verschwörer und Vertuscher. Selbstverständlich gibt es – wie in allen Branchen – unter den Managern der Lebensmittelkonzerne Gauner, und auch in den Behörden Verschwörer und Vertuscher. Doch das als Normalzustand anzunehmen ist genauso realistisch, als würde man alle Werbesprüche über Tütensuppen und Schokoriegel glauben. Es ist ein naiver Negativismus, der sich die Welt nur als Verschwörung vorstellen kann. Der so erzeugte Daueralarm um Nichtigkeiten bewirkt nichts, außer den Menschen den Appetit zu verderben und sie in Verwirrung zu stürzen – und natürlich die jeweilige Organisation, Zeitschrift oder Fernsehsendung ein paar Tage lang ins Gespräch zu bringen.

Dabei gerät meistens in Vergessenheit, dass solche insze-
nierten Skandale Hunderte, manchmal sogar Tausende von
Arbeitsplätzen kosten und ganze Industrien ruinieren können. Wenn – wie bei BSE geschehen – ein Viertel der Rin-
derzüchter aufgibt, ist das keine Kleinigkeit. Beim Fisch-
Nematoden-Skandal des ARD-Magazins *Monitor* (1987) – der
das Muster für die Skandale der folgenden Jahre lieferte –
ging der Umsatz von Fisch in Deutschland um bis zu 90 Prozent zurück und der Großmarkt von Bremerhaven stellte
auf Kurzarbeit um. Besonders hart traf es die Firma Birkel
im Jahr 1985 beim sogenannten Flüssigei-Skandal. Der Vorwurf lautete, die Firma hätte bei der Nudelherstellung ange-
brütete Eier verwendet, außerdem sei die Flüssigei-Masse
mikrobiell verunreinigt gewesen. Birkel konnte jedoch nachweisen, dass der hohe Milchsäuregehalt der Masse nicht
durch verdorbene Rohstoffe, sondern durch die Verwendung
von Trockenei erklärt werden konnte. 1986 stellte die Staats-
anwaltschaft Stuttgart das Verfahren ein. Es nützte nichts
mehr: Der Ruf war nachhaltig ruiniert. Während des Skan-
dals brach der Umsatz ein. 500 der 1300 Mitarbeiter mussten entlassen werden. 1990 verkaufte der Unternehmer seine
imagebeschädigte Nudelfirma an einen französischen Konzern.

Besonders unappetitlich sind solche Pseudo-Skandale,
wenn handfeste Interessen ins Spiel kommen und der Ge-
sundheitsschutz nur vorgeschoben wird. Beim Nematoden-Skandal ging es um Fadenwürmer in Fischen, die beim
Menschen Darmentzündungen und Koliken verursachen
können. Die Parasiten stammen aus dem Kot von Robben,
sind unvermeidlich und lösen keine schweren Krankheiten
aus. Doch *Monitor* suggerierte ernste Gefahren und erzeugte
mit allen Möglichkeiten der Kamera Ekelgefühle, was dann

165

zum Einbruch des Fischmarktes führte. Im August 1987 berichtete die *Süddeutsche Zeitung*, ein Unternehmer habe *Monitor* die Story schmackhaft gemacht, weil er sich dadurch eine höhere Nachfrage für seine Leuchttische versprach, mit denen Speisefische bei den Großhändlern auf Fadenwürmer untersucht werden.

Ähnlich geschäftstüchtig war die Firma Hipp, die 1993 gezielt Journalisten informierte, um lästige Konkurrenten loszuwerden. Mit durchschlagendem Erfolg: Im April 1994 berichtete das ZDF über Spuren des verbotenen Pflanzenschutzmittels Lindan in der Babynahrung der Drogeriemarktkette Schlecker. Der zulässige Grenzwert von 0,01 Milligramm pro Kilogramm war teilweise um das Vierfache überschritten worden. Was die ZDF-Zuschauer dabei nicht erfuhren: Der Grenzwert ist für mehrjährigen dauernden Verzehr ausgelegt. Der Sprecher des baden-württembergischen Gesundheitsministeriums, das die verdächtigen Gläschen sicherstellte, erklärte, ein Baby müsse in wenigen Tagen zehn bis 20 Kilogramm der belasteten Nahrung zu sich nehmen, um möglicherweise vergiftet zu werden. Unerwähnt blieb auch, dass frisch zubereitete Nahrung vom Wochenmarkt in der Regel zehn- bis 50-mal stärker belastet war als die beanstandete Gläschenkost. In Deutschland fällt Babynahrung unter die Diät-Verordnung. Die Höchstwerte für Pestizidrückstände sind praktisch Nullwerte, die an der jeweiligen analytischen Nachweisgrenze liegen. Schlecker ist ein Unternehmen, das aus vielen anderen Gründen zu Recht kritisiert wird – doch der Babybrei-Skandal war keiner. Der Hauptgeschädigte war am Ende auch nicht die Drogeriemarktkette, die ihren Lieferanten wechselte, sondern der spanische Babykost-Hersteller.

Die Liaison zwischen Konkurrenzunternehmen, Spendenorganisationen und Massenmedien kann innerhalb von Tagen ganze Branchen ruinieren und Börsenkurse in den Keller sinken lassen. Wenn die Panikwelle richtig rollt, machen auch viele Politiker gerne mit, weil es immer gut ankommt, die Bevölkerung vorm drohenden Vergiftungstod zu retten. Fakten spielen dabei kaum eine Rolle. Im Sommer 2007 stellte Landwirtschaftsminister Seehofer ein neues Gentechnik-Gesetz vor. In einer Pressekonferenz räumte er ein, es gebe zwar keine Belege für gesundheitliche oder ökologische Schäden durch Pflanzen-Gentechnik. Dann begründete er die prohibitiven gesetzlichen Hürden für den Anbau mit der Bemerkung, man habe darin die Haltung von »Kirchen und Jugendgruppen« aufgenommen. So lautet das stolze Ergebnis von Jahrzehnten der Verbraucherverunsicherung: Gesetze werden jetzt nach Gefühl gemacht.

12

»BIO WAR VON ANFANG AN EINE SEKTE«

Interview mit Professor Beda M. Stadler

Beda M. Stadler ist ein renommierter Immunologe, der an der Universität Bern forscht und lehrt. Sein Gebiet ist die Grundlagenforschung zur Allergologie und Autoimmunität. Er hat das Interleukin-3 gefunden, das entscheidend ist für die Immunabwehr bei Krebspatienten, und lieferte wichtige wissenschaftliche Impulse für die Entwicklung von Anti-Allergie-Therapien. Stadler, geboren 1950, ist in der Schweiz als streitbarer Geist bekannt, der sich mit Verve in die öffentlichen Debatten um Naturwissenschaft einmischt. Dabei gilt er als einer der schärfsten Kritiker von Esoterik und Aberglauben. Auf über 50 Diskussionsveranstaltungen im Jahr tritt er gegen Homöopathen, Impfgegner und andere Vertreter von Parawissenschaften an. Dabei geht es häufig auch um Ernährungsfragen, insbesondere im Bereich Biokost und Grüne Gentechnik. Stadler gehört zum Editorial Board verschiedener wissenschaftlicher Zeitschriften und ist Mitglied mehrerer akademischer und staatlicher Kommissionen zu naturwissenschaftlichen Fragen. In der *Berner Zeitung* und der *NZZ am Sonntag* schreibt er Kolumnen, 2005 verfasste er das Kochbuch *Gene an die Gabel*.

In der Öffentlichkeit werden häufig synthetische Stoffe in Lebensmitteln für den Anstieg der Allergien verantwortlich gemacht: Pestizidrückstände, Konservierungsstoffe, Lebensmittelzusatzstoffe. Wie bedeutend sind sie für Allergiker?

Stadler: Es gibt eine Evolution der Hypothesen. Früher waren es die Gene. Als die Häufigkeit der Allergien die mendelschen Regeln übertrumpfte, musste – ganz im Zeitgeist – die Umwelt dran glauben. Nun waren von Menschen erzeugte Umweltgifte die Hauptverdächtigen. Das ist durch den Mauerfall widerlegt worden. Die Münchner Allergologin und Kinderärztin Erika von Mutius hat die Chance dieser historischen Situation für den medizinischen Erkenntnisgewinn genutzt und nachgeforscht, ob es in Ostdeutschland mehr Allergien gab als in Westdeutschland. Denn im Osten waren Nahrung, Luft und Wasser viel stärker mit Schwermetallen und Industriechemikalien belastet. Doch entgegen allen Erwartungen stellte sich heraus, es gab weniger Allergiker in der DDR als in der BRD. Danach kamen weitere Untersuchungen, welche die Chemie-These widerlegten. Selbst im sauberen Neuseeland nahmen die Allergien zu. Seither purzeln die Hypothesen.

Warum nehmen die Allergien dann so stark zu?

Stadler: Wir leben in einer Zeit der Allergiewarnungen. Es beginnt frühmorgens mit dem Pollenbericht und endet beim Beipackzettel. Jeder Produzent warnt vor möglichen Allergien, um sich juristisch den Rücken freizuhalten. Niemand braucht einen ärztlichen Beleg für eine Allergie, weshalb sich gerade auf diesem Gebiet Heerscharen von Scharlatanen tummeln, die ihren Kunden mit Bioresonanz oder anderem Voodoo zu einer Allergie verhelfen. Allergien gehören zu den Krankheiten, mit denen man Aufmerksamkeit und Zuwendung einfordern kann. Sie können mit einer Allergie Ihre Umgebung terrorisieren. Sie können in ein Restaurant gehen und sagen, Sie haben eine Nussallergie, und deshalb den Chefkoch an den Tisch bitten. Die graue Maus wird so zum Zentrum des Geschehens.

Sind demnach viele Allergien eher Neurosen?
Stadler: Ohne den echten Allergikern zu nahe treten zu wollen – ja. Das Umfeld des Pseudoallergikers hilft gekonnt mit. So sind in Amerika die Erdnüsse als free snack aus den Flugzeugen verschwunden. Statistisch gesehen ist Fliegen trotzdem gefährlicher als der Erdnussverzehr. Fisch und Milchprodukte, die zweithäufigsten allergenen Nahrungsmittel, werden aber immer noch im Flugzeug serviert. Es gibt viel weniger echte Allergien als gemein angenommen. Ein großer Teil ist psychisch bedingt. Hat man eine Allergie, gehört man selber sozusagen zu einer bedrohten Spezies. Das Umfeld trägt automatisch Verantwortung für das persönliche Elend. Das ist praktisch.

Was steckt dahinter?
Stadler: Allergien eignen sich vorzüglich dafür, sie unbewusst zu instrumentalisieren. Mit Hämorriden geht das nicht so gut. Das Immunsystem arbeitet eng mit dem Gehirn zusammen und Allergien sind im Gegensatz zu vielen anderen Krankheiten ein rein immunologisches Problem. Man kann mit dem Gehirn Ängste so weit treiben, dass man körperlich allergisch reagiert, obwohl das Allergen nicht einmal in der Nähe war. 1886 wurde erstmals gezeigt, dass mit einer künstlichen Rose vom Schießbudenstand bei einer angeblichen Rosenallergie die volle Symptomatik ausgelöst werden

kann. Neben den geschürten Ängsten scheint der Wunsch nach Liebe und Nähe die Pseudoallergien zu fördern. Der Organismus lernt schnell, wie er eine Allergie mit dem Gehirn nachmachen kann. Man hat dann eine Krankheit, mit der es sich gut leben lässt, an der man in vielen Fällen nicht sonderlich leidet. Und der Patient kann damit ständig interagieren: Beachtet mich! Nehmt Rücksicht auf mich! Er wird durch seine Krankheit in gewissem Sinne wieder gesünder.

Wie kann man echte und psychisch hervorgerufene Allergien unterscheiden?
Stadler: Das ist auch für Ärzte sehr schwierig. Im Übrigen reden die meisten Allergologen nicht gern über diesen Aspekt der Allergien. Schließlich kann man mit beiden Sorten Patienten Geld verdienen. Eigentlich sind die mit psychischen Ursachen die lukrativeren, weil sie nicht wirklich geheilt werden wollen. Sie lassen sich oft auch in zwei Welten behandeln. Werden sie ihrer Pseudokrankheit überdrüssig, ist es dann eben meist die Alternativmedizin, welche die Heilung gebracht hat.

Nun gibt es aber auch echte Allergien. Wenn nicht die Chemie in der Nahrung der Hauptschuldige ist, was dann?
Stadler: Es sind zum allergrößten Teil natürliche Stoffe, die das Immunsystem zum Narren halten. An erster Stelle steht der sogenannte Hausstaub, konkret geht es dabei um die Fäkalien einer Hausstaub-Milbe. Das Biotop der Milbe ist unser Bett, wo es warm und feucht ist, mit einem reichen Nahrungsangebot in Form unserer Hautschuppen. Dann kommen die Pollen von Gräsern und Bäumen. Ein bedeutender

171

Auslöser sind auch Eiweiße aus Harn oder Hautschuppen von Katzen und anderen Haustieren. Das sind durchweg natürliche Stoffe. Außerdem gibt es eine Reihe von Chemikalien, die sich mit Eiweißen verbinden und diese verändern. Dazu gehören beispielsweise Penizillin oder Glutaraldehyd. Sie lösen jedoch sehr viel seltener Allergien aus als die Naturstoffe.

Haben Sie als Immunologe einen guten Rat, wie man sich gesund ernährt?
Stadler: Mangelernährung ist in den wohlhabenden Ländern historisch erledigt. Man muss eigentlich nur noch darauf achten, nicht zu viel zu essen. Die Lebensmittel haben eine so hohe Qualität erreicht, dass es fast unmöglich ist, sich falsch zu ernähren. Wenn Sie nur ein bisschen abwechseln und keine völlig einseitigen Diäten machen, kriegt Ihr Körper automatisch alles, was er braucht. Heutzutage müssen Sie sich zum Beispiel sehr anstrengen, um zu wenig Vitamin C aufzunehmen. Wer ganz normal, ohne nachzudenken isst, bekommt immer genügend davon. Dennoch werben Hersteller damit, dass in ihrem Produkt Vitamin C enthalten ist, als wären wir von Skorbut bedroht.

Ist Biokost sicherer als die konventionelle Nahrung?
Stadler: Biokost ist ein zeitgeistiges Etikett, sonst nichts. Es gab vor einigen Jahren eine Studie der CDC (Centers for Disease Control and Prevention) in Atlanta. Dabei kam heraus, dass Biokost durch die häufigere Fäkalverschmutzung achtmal riskanter ist als konventionelle Ernährung. Naturnah bedeutet eben auch nahe an Fäkalien.

Und die Gefahr durch Pestizide?

Stadler: Die Pestizide im Biolandbau sind viel schlimmer. Es werden Mixturen hergestellt, die in ihrer Zusammensetzung kaum erforscht, aber sicher nicht harmlos sind. Die Biobranche gibt ihren Pestiziden hübsche, harmlos klingende Namen, beispielsweise »Bordeaux-Brühe«. Dahinter verbirgt sich eine Suspension aus gebranntem Kalk und Kupfersulfatlösung, die auf Reben und Olivenbäume gespritzt wird. Sie ist biologisch nicht abbaubar und ökologisch schädlich. Übrigens, das schöne Olivengrün wird dadurch zu einem Türkisgrün. Moderne Pestizide sind biologisch abbaubar und viel sicherer. Da gibt es leider kein Dazulernen, keine Annäherung. Man darf in der Biogemeinde nicht darüber reden.

Muss man sich keine Sorgen machen wegen der ganzen Lebensmittelskandale?

Stadler: Im Gegenteil, wir leben so extrem reguliert, dass das Sicherheitsdenken uns den Geschmack verdirbt. Die Acrylamid-Hysterie hat zum Beispiel dazu geführt, dass wir in der Schweiz nur noch Schlabber-Pommes-frites haben. Schweizweit mussten die Friteusen heruntergefahren werden. Knusprige braune Kanten gelten nun als Teufelswerk.

Woran liegt es dann, wenn heute Menschen durch falsche Ernährung krank werden?

Stadler: An obskuren Diäten oder dem Glauben an irgendwelche Heilslehren, die bestimmte Ernährungsweisen predigen. Das Bemühen um richtiges Essen kann religiöse Züge annehmen. Der heutige Kult um gesunde Ernährung hat viel von einer Ersatzreligion.

Gehört Bio auch in diese Kategorie?

Stadler: Ja sicher. Bio ist etwas, was Halt gibt. Es ist der Glaube, dass etwas gesünder, besser und ökologischer ist. Für alle drei Aussagen gibt es keine wissenschaftlichen Beweise. Aber die Gläubigen wollen auch keine rationalen Argumente, sie wollen absolute Wahrheiten. Bio war von Anfang an eine Sekte und ist es noch heute. Schon die Gründer waren von der Angst geplagt, sich »sündig« zu ernähren. Angst ist die Mutter aller Religion. Aber Religion macht nicht nur Angst, sie gibt auch Trost. Es ist ungemein tröstlich, wenn man durch richtiges Essen die Welt retten kann. Sie können dreimal täglich am Esstisch manifestieren, ich tue etwas für die Umwelt – und ich bin besser als die anderen. Typisch für Sekten ist auch, dass dogmatische Organisationen über den rechten Glauben wachen und Abweichler eifernd bekämpfen. Das ist auch in der Bioszene so. Die Priesterkaste von Demeter glaubt sogar, in Kontakt mit überirdischen Mächten zu stehen.

Spielt die Angst, vergiftet zu werden, auch eine Rolle?

Stadler: Das ist ein ganz zentrales Thema in der Gentechnik-Debatte. Die Gentechnik-Gegner haben es geschafft, den Menschen einzureden, gentechnisch veränderte Lebensmittel seien irgendwie giftig. Das wirkt bei fast jedem. Die Angst, vergiftet zu werden, ist archaisch.

Was könnte den Menschen die Angst nehmen?

Stadler: Früher hatten die Fürsten Vorkoster. Passierte nichts, aß auch der Herr. Für die Europäer gelten Amerikaner allerdings nicht als Vorkoster, schließlich wird in Amerika seit 1996 von Millionen Menschen Genfood verzehrt. Dies hat Tradition, es dauerte mehr als 200 Jahre, bis ein anderes Novel-Food, die Kartoffel, sich bei uns durchsetzte. Wenn wir in der Schweiz oder in Deutschland die Möglichkeit hätten, gentechnisch veränderte Nahrung zu kaufen, würde ein Teil der Bevölkerung dies tun. Dann würden die anderen bald sehen, dass nichts passiert. Deshalb wollen die Anti-Gentechnik-Aktivisten unter allen Umständen verhindern, dass solche Lebensmittel in die Läden kommen.

Die Empirie des Alltags würde die Ängste kurieren?
Stadler: Der äthiopische Landwirtschaftsminister hat mir einmal erzählt, dass in seinem Land das Gerücht umging, die modernen Hybridmaissorten würden impotent machen. Viele Bauern pflanzten sie an, verkauften den Mais und freuten sich über die höheren Erträge. Für den Eigenbedarf pflanzten sie allerdings noch die alte Sorte. Als sie nach und nach erfuhren, dass ihre Nachbarn nicht impotent wurden, aßen sie auch vom neumodischen Mais. Diesen Effekt wollen die Aktivisten verhindern. Mit dem Argument der »Wahlfreiheit« haben sie bis heute die Gentechnik auf dem Teller geschickt verhindert. Sie wollen nicht, dass die Konsumenten sich ein eigenes Bild machen. Deshalb verschweigen sie auch lieber, wo bereits Gentechnik drinsteckt. 91 Prozent der amerikanischen Sojapflanzen sind transgen. Wo Soja drin ist, ist auch Gentechnik drin, zum Beispiel in der Schweizer Schokolade. Die Aktivisten wollen verhindern, dass die Menschen wissen, dass sie bereits seit geraumer Zeit gentechnisch veränderte Pflanzenprodukte essen und problemlos vertragen. Nicht auszudenken, was passieren könnte, wenn die Mitläufer der Gentechprotestler herausfänden, dass 87 Prozent der amerikanischen Baumwolle gentechnisch verändert sind. Schließlich tragen viele

Menschen Baumwolle auf dem Körper und Frauen – in Form von Tampons – auch im Körper.

Sie haben in der Schweizer Gentechnik-Debatte sehr deutlich Stellung bezogen. Wenn das Bio-Reinheitsgebot – wie Sie sagen – religiöse Züge trägt, wie reagieren die Anhänger dieses Glaubens auf Sie?

Stadler: Sie nehmen es nicht gerade mit Humor. Ich bekomme anonyme Briefe, Drohungen und Fotos, auf denen mein Gesicht zerstört ist. Bei meinen Vorträgen kann es vorkommen, dass Zuhörer wütend rumbrüllen. Aber das ist selten. Immer wieder wird jedoch der Dekan der Universität Bern angeschrieben, warum er nichts gegen mich unternimmt. Damit muss man leben, wenn man sich in öffentliche Debatten einmischt. Im Durchschnitt kommt auf drei zustimmende Zuschriften eine empörte.

Welche Rolle spielen die Medien beim Thema Lebensmittel?

Stadler: Ich war lange Zeit ein typischer Wissenschaftler, der auf die Medien, ihre Skandalisierungen und ihre Sensationssucht geschimpft hat. Heute sehe ich das anders. Ich glaube, es ist nicht die Aufgabe der Medien, Vernunft zu predigen. Die Frage ist, wie schlecht informiert dürfen Medien sein? Da sollte man mit der Kritik ansetzen. Aber da liegt der Ball auch bei der Wissenschaft. Viele Kollegen sehen nicht ein, dass sie eine aufklärerische Bringschuld gegenüber der Gesellschaft haben. Die Universitäten müssten viel stärker wieder Orientierung geben. Das war ja mal die Rolle der Universitäten. Viele Kollegen verstehen auch nicht, wie öffentliche Debatten funktionieren. Sie denken, ich habe das doch in meiner akademischen Abhandlung geschrieben, damit ist es öffentlich. Für die Wissenschaftler ist zudem die Kollegenschelte oder das Argument »Schuster, bleib bei deinem Leisten« eine ständige Bedrohung. Öffentlichkeitsarbeit wird oft als exotische Freizeitbeschäftigung belächelt. Hat ein Wissenschaftler keine Möglichkeit, ausgiebig die Quellen seines Wissens nachzuweisen, droht das Schreckgespenst des Plagiarismus. Wer etwas politisch bewirken will, muss jedoch höchst redundant sein und den Punkt, auf den es ihm ankommt, über lange Zeit geduldig wiederholen, auch wenn er bloß vom Kollegen und nicht von Einstein stammt. Was man nur einmal sagt oder schreibt, verpufft.

Viele Wissenschaftler sind den Lärm öffentlicher Debatten nicht gewohnt. Aber was ist eigentlich mit der Lebensmittelindustrie? Die gibt Millionen für knallige Werbung aus. Warum schafft die es nicht, ihr schlechtes Image zu verbessern?
Stadler: Die meisten Lebensmittelkonzerne haben kommunikative Leichen im Keller. Nestlé haftet bis heute die Anschuldigung »Nestlé tötet Babys« an, weil der Konzern afrikanische Mütter nicht ausreichend davor warnte, Trockenmilchprodukte mit Schmutzwasser zuzubereiten. Monsanto hatte »Agent Orange« hergestellt, das berüchtigte Entlaubungsmittel im Vietnamkrieg. Die Mitarbeiter von Lebensmittelkonzernen verfallen in Angststarre, wenn ein NGO-Aktivist sie angreift. Auch wenn die Vorwürfe völlig daneben sind und der Mitarbeiter das weiß. Die NGOs spielen andererseits gekonnt auf dieser Geige. Monsanto ist gerade deswegen zum Zielobjekt der Protestindustrie geworden. Der damalige Konzernchef wollte mit der Grünen Gentechnik ökologischere Produkte liefern. Es gab sogar eine Zusammenarbeit mit Greenpeace, um biologisch abbaubare

Kreditkarten zu entwickeln. Das Image ist wichtiger geworden als die Produkte. Schließlich sind es nicht nur die Konsumenten, sondern auch die Finanzanalysten, die sich vom Image leiten lassen.

Sie sind auch ein passionierter Koch und haben ein Kochbuch geschrieben. Es heißt ja immer wieder, Bio schmecke besser. Können Sie das bestätigen?
Stadler: Nein. Und das geht nicht nur mir so. Alle Blindversuche haben bestätigt, dass die Tester Bio nicht von anderen Speisen unterscheiden können. Dennoch haben viele Käufer das Gefühl, Bio schmecke besser. Wenn man mehr bezahlt hat für ein bestimmtes Etikett – egal ob Kleidung oder Essen –, kann man sich nicht eingestehen, dass ein billigeres Produkt genauso gut ist.

Aber was den Geschmack angeht, hat der Biolandbau dennoch Gutes bewirkt. Nicht durch die Anbaumethoden, aber durch den Erhalt alter Obst- und Gemüsesorten und alter Nutztierrassen. Das ist eine sehr begrüßenswerte Kulturleistung. Manchmal ist der Geschmack einer alten Apfelsorte gar nicht mal besser – aber anders, und das freut mich. Es ist ein bisschen Widerstand gegen den geschmacklichen Einheitsbrei. Alte Sorten bringen meistens geringeren Ertrag. Es ist den Landwirten, die sie dennoch erhalten, hoch anzurechnen, dass sie dies tun. Wenn ich interessante und frisch aussehende Biofrüchte im Ladenregal sehe, kaufe auch ich Bio.

Im Gegensatz zum Biolandbau trauen Sie der Grünen Gentechnik zu, unsere Lebensmittel zu verbessern. Warum?
Stadler: Beim Biolandbau gibt es keine Innovation. Da gelten die alten Dogmen, die im frühen 20. Jahrhundert auf-

gestellt wurden. Von der Gentechnik verspreche ich mir als Konsument bessere Nahrungsmittel. Mir fallen Hunderte von Produkten ein, die besser schmecken würden, wenn man sie gezielter verändern könnte. Aber das sind Luxusphantasien. Viel wichtiger ist, dass Pflanzen entwickelt werden, die für arme Länder ökonomisch und ökologisch vorteilhaft sind. Zum Beispiel Getreide, das besser mit Trockenheit und Salzböden zurechtkommt. Wir müssen weg von dieser Verhinderungsdiskussion, sondern endlich fragen, was wollen wir, was brauchen wir am dringendsten, welche Eigenschaften von Nutzpflanzen sollten vordringlich entwickelt werden? Zurzeit läuft es aber verkehrt. Die Gentechindustrie flüchtet in eine vermeintlich ökologische Nische und hat Mais verändert, um damit effizienter Biodiesel herzustellen. Dieser Industrie fehlt das Selbstvertrauen, weil man ihr einredet, der Konsument wolle keine Gentechnik. Dabei kann man vorhersagen, dass die erste gentechnisch veränderte Erdbeere auf dem Markt ein Erfolg sein wird, falls sie besser schmeckt, länger frisch bleibt und nicht mehr so unnatürlich groß ist wie die Kunstprodukte, die man heute als Erdbeeren bezeichnet.

Haben Sie den Eindruck, dass Ressentiments gegen die Wissenschaft in der Bevölkerung zunehmen?
Stadler: Nein. Die Mehrheit, die wissenschaftliche Prinzipien als Grundlage akzeptiert, wächst. Man benutzt die Technik im Alltag und vertraut auf sie bis zur Kritiklosigkeit. Aber es gibt eine stärkere Polarisierung, falls Technik religiöse oder säkulare Glaubensfragen tangiert. In Europa, aber auch global gibt es immer mehr Menschen, die keinem religiösen Glauben mehr anhängen. Gleichzeitig erstarken aber auch alte und neue Glaubensströmungen: islamischer Fun-

damentalismus, westlicher Buddhismus, evangelikale Christen, die wieder die Evolutionslehre ablehnen, und alle möglichen Esoteriker.

Die Gentechnik hat den Nerv der Zeit getroffen. Jeder muss sich entscheiden: Greift der Gentechnologe in die Schöpfung ein, in die Natur oder in die Evolution? In die Schöpfung kann man nicht eingreifen, weil es die nicht gibt. In die Evolution kann man auch nicht eingreifen, weil man selbst Teil der Evolution ist. Bleibt nur die Natur. Und da geht es um das persönliche Naturverständnis eines jeden. Da sind wir wieder bei Glaubensfragen: Ist die Natur göttlich? Es geht so oder so immer um Religion.

Die Aufklärung wird siegen?
Stadler: Ja, da bin ich optimistisch. Es gibt auch eine geistige Evolution. Es spricht sich herum, dass die wichtigsten Moralbegriffe ein evolutionäres Programm sind. Es braucht somit weder eine interstellare Polizei noch Anhänger der Idee eines persönlichen Gottes, um uns zu erklären, was gut und recht ist.

13

WIE GRÜN IST DIE GRÜNE GENTECHNIK?

Die wichtigsten Fakten in Kürze:
- Weltweit wachsen bereits auf über 100 Millionen Hektar transgene Pflanzen zur Zufriedenheit der Landwirte.
- Obwohl viele Millionen Verbraucher daraus gewonnene Lebensmittel verzehren, ist kein einziger Fall bekannt, dass jemand dadurch gesundheitlich Schaden genommen hätte.
- Neue Sorten könnten den Einsatz von Pestiziden und Dünger verringern.
- Gentechnik und Biolandbau könnten eines Tages zusammenwachsen.
- Gentechnisch mit Nährstoffen angereicherte Sorten können einen wichtigen Beitrag gegen die Mangelernährung in vielen armen Ländern leisten.
- Die hohe Lebensmittelnachfrage lässt den Druck auf landwirtschaftliche Flächen auf der ganzen Welt steigen. Höhere Ernteerträge durch Gentechnik können dazu beitragen, dass nicht noch mehr Wildnisgebiete in Agrarflächen verwandelt werden.

Wir haben von 1989 bis 1993 als leitende Redakteure das damals größte europäische Umweltmagazin *Natur* geführt.

Deshalb ist uns die *Natur*-Ausgabe vom Februar 1991 noch recht gut in Erinnerung und wir haben sie noch einmal aus dem Archiv herausgesucht. Das Titelbild zeigt einen Bauern, der staunend vor einer riesigen Tomate steht. »Größer, schöner, gesünder?«, fragt die Titelzeile und thematisiert die »phantastischen Versprechungen der Gentechniker«. Der Bericht behandelt bereits so ziemlich alle Fragen, um die es auch hier geht. Die Diskussion ist also beileibe nicht neu. Es wird seit über 15 Jahren gestritten. Und in dieser Zeit ist eine ganze Menge passiert: 2007 wurden weltweit transgene Pflanzen auf einer Fläche von über 100 Millionen Hektar angebaut, das ist eine Fläche etwa so groß wie Frankreich und Spanien zusammen. Wer durch South Dakota oder Iowa fährt, sieht weit und breit nur noch gentechnisch verändertes Soja wachsen. Über zehn Millionen Landwirte in 22 Ländern bedienen sich der neuen Sorten. Bis 2010 könnten es den Prognosen zufolge bereits 150 Millionen Hektar Anbaufläche sein. Motoren bei diesem rasanten Wachstum sind Länder wie Brasilien, Indien oder China mit Wachstumsraten von bis zu 400 Prozent. Die chinesische Regierung glaubt, dass die Biotechnologie eine der am schnellsten wachsenden Industrien des Landes werden könnte. In Indien sind es vor allem Kleinbauern, die von den Vorteilen der neuen Sorten profitieren. Nirgendwo auf der Welt hat die neue Technik so schnell Akzeptanz gefunden. Mehr als zweieinhalb Millionen von ihnen bauen mittlerweile gentechnisch veränderte Baumwolle an, die sich besser gegen den gefürchteten Baumwollkapselwurm wehren kann. Die Bauern freuen sich über zwei- bis dreimal so hohe Erträge und gesparte Kosten für Pestizide – statt bis zu neun Spritzungen genügen nun drei bis vier. Indien ist im Verlauf dieser Entwicklung von einem Baumwoll-Importland zu einem Exporteur geworden. Deshalb hoffen die Bauern auch auf eine schnellere Zulassung verbesserter Nahrungspflanzen, darunter neue Sorten von Avocados, Kartoffeln, Papayas, Reis und Tomaten.

Weltweit wurden mehrere 10 000 Freilandversuche mit über 100 Arten transgener Pflanzen unternommen. Die Anwender der Grünen Gentechnik sind also keineswegs verantwortungslos oder gar blauäugig in diese Technologie hineingestolpert, sondern haben sie mit großem Aufwand wissenschaftlich begleitet und abgesichert. Während früher neue Pflanzensorten schlichtweg am Verbraucher getestet wurden, kommt heute – zumindest was die Grüne Gentechnik anbelangt – nichts mehr auf den Teller, was nicht aufwendig auf eventuelle Gefährdungen untersucht worden wäre. Mehr Vorsicht war nie. Obwohl Millionen von Menschen beispielsweise Brot zu sich nehmen, das auf gentechnisch veränderten Sorten basiert, ist kein einziger Fall bekannt, in dem jemand dadurch gesundheitlichen Schaden genommen hätte. Auch die ökologische Begleitforschung hat keine Erkenntnisse hervorgebracht, die eine pauschale Ablehnung der Gentechnik auf dem Acker begründen könnten. In den letzten Jahren wurde die Landwirtschaft von zahlreichen Skandalen heimgesucht – von BSE bis Nitrofen. Die Grüne Gentechnik blieb aber unbescholten. Die faktische Entwicklung der letzten Jahre spricht dafür, dass diese Technik sicherer anwendbar ist als manche herkömmliche landwirtschaftliche Methode und zum Nutzen der Verbraucher und der Bauern gehandhabt werden kann.

An Versuchen, die Gentechnik in der Landwirtschaft zu diskreditieren, mangelt es nicht. Doch es will einfach nicht klappen. Seit Jahr und Tag versuchen deutsche Anti-Gentechnik-Aktivisten, endlich ein Opfer der Grünen Gentechnik ausfindig zu machen. Sie mühen sich redlich und schlagen beim geringsten Verdacht Alarm. Und sie blamieren sich immer wieder aufs Neue. Das Feindbild der Gegner heißt BT-Mais – eine Maissorte, der ein Gen des im Öko-Landbau verwendeten *Bacillus thuringiensis* eingebaut wurde. Wilde Anschuldigungen wurden gegen die Schreckenspflanze vorgebracht, die neben den Amerikanern auch Millionen deutsche Nordamerika-Touristen in Form von Gebäck und Cornflakes bereits gegessen haben. BT-Mais, wurde behauptet, hätte sich im Tierversuch als giftig erwiesen, rotte hübsche Schmetterlinge aus und habe die Kühe eines hessischen Bauern verenden lassen, der eine Zeit lang ernst genommen und gern auf Anti-Gentechnik-Aktionen mitgeschleppt wurde. Alle Anschuldigungen konnten wissenschaftlich widerlegt werden.

Der Monarchfalter etwa, der im Labor mit Pflanzenschutzmittel produzierendem Genmais vergiftet wurde und so als Beweis für Umweltschäden durch Gentechnik herhalten musste, gibt sich in freier Natur anders, als von den Gentechnik-Gegnern behauptet. Dort gedeiht er in Genmaisfeldern sogar besser als auf gentechnikfreien Flächen. Das hält die Aktivisten nicht davon ab, Maisfelder zu zerstören und dabei als Retter der Menschheit zu posieren. Dabei nutzen sie die Unwissenheit vieler Menschen aus. Sicherlich würde es fast jedermann auf Nachfrage ablehnen, eine Banane mit einem zusätzlichen Gen aus dem Erbgut des Menschen zu verspeisen. Die Wirklichkeit kann taktlos sein: Ein Drittel der Gene einer ganz normalen Banane stimmt mit denen des Menschen überein. In einer Emnid-Umfrage gab gut die Hälfte der befragten Verbraucher zu Protokoll, sie erwarte, dass »gentechnikfreie« Lebensmittel keine Gene enthalten. Um Missverständnisse zu vermeiden: Niemand sollte gezwungen sein, gentechnisch erzeugte Lebensmittel zu essen, wenn er dies – aus welchen Gründen auch immer – nicht mag. Eine gewalttätige Sabotage und pauschale Ächtung dieser Technologie rechtfertigt dies aber bestimmt nicht.

Im Frühjahr 2007 witterten die rastlosen Ankläger mal wieder Morgenluft. Zeitungen berichteten vom mysteriösen Bienensterben in Amerika, das nun auch in Deutschland ausgebrochen sei. Was sie nicht berichteten: Wissenschaftler der Bundesforschungsanstalt des US-Agrarministeriums entdeckten beim Vergleich des genetischen Materials von Bienen mit und ohne Dysfunktionen eine starke Korrelation mit dem Befall durch den »Israeli acute paralysis virus« (IAPV). Dieser Virus wird von der Varroa-Milbe übertragen. Vermutet wird, dass der IAPV von Australien aus in die USA eingeschleppt worden ist. Erst dort entfaltete er in Verbindung mit anderen Faktoren seine tödliche Wirkung.

Im Mutmaßen geschulte Aktivisten und Journalisten raunten stattdessen ruck, zuck von der Grünen Gentechnik, die angeblich unter Verdacht stehe. Wie praktisch, dass unter den geräuschvollsten Gentechnik-Gegnern einige Imker waren, die postwendend zu gern zitierten Experten avancierten. Wie meistens in solchen Fällen, hielten sich die seriösen Wissenschaftler vornehm zurück. Später stand in einigen Zeitungen die eher versteckte Meldung, dass es in Deutschland gar kein mysteriöses Bienensterben gab, sondern die Winterverluste der Bienenstöcke in der üblichen Größenordnung lagen. Elke Genersch, eine deutsche Bienenforscherin, die zur Weltelite ihres Fachs gehört und vor den Toren Berlins am Länderinstitut für Bienenkunde arbeitet, sagte: »Es gibt gerade jetzt zu genmanipulierten Pflanzen extrem gute Studien. Aber gerade weil sie gut sind und zeigen, dass es keine negativen Effekte gibt, die schlimmer sind als die Effekte der Pestizide, werden sie als Auftragsforschung diffamiert.« Neben diesen wissenschaftlichen Studien spreche schon die Plausibilität gegen den Verdacht, denn nur auf 0,16 Prozent der Fläche in Deutschland würden gentechnisch veränderte Pflanzen angebaut, die Winterverluste wären jedoch flächendeckend gewesen. Für die Imker-Aktivisten hat sie einen guten Rat: »Wenn ich aus ideologischen Gründen einen bestimmten Schuldigen anprangere, dann kann es mir passieren, dass ich den wahren Schuldigen laufen lasse.« Und dann verrät sie noch ein für Laien überraschendes Verfahren aus der Imkerei: »Die Imker behandeln ihre Waben mit einem Pulver, das *Bacillus thuringiensis* enthält.« Also denselben Wirkstoff wie im BT-Mais – nur eben nicht gentechnisch erzeugt.

Es ist an der Zeit, die Debatte um Grüne Gentechnik den über einen langen Zeitraum gewonnenen Erkenntnissen anzupassen. Nicht, weil ohne Gentechnik die Menschheit verhungern würde. Das trifft – jedenfalls zurzeit – nicht zu, denn die Potenziale von konventionellen Züchtungsmethoden sowie verbesserten und angepassten Anbautechniken sind noch immer nicht ausgereizt. Die Gentechnik ist kein Allheilmittel, aber ein Stopp der Bemühungen wäre aus anderen Gründen verantwortungslos: Er blockiert ökologische Zukunftsoptionen. Die Menschheit wächst weiter, der Wohlstandsboom in Asien verschlingt wertvolle Agrarflächen, Erdöl soll durch Energiepflanzen ersetzt werden. Angesichts dieses gewaltigen Drucks brauchen Pflanzenzüchter alle Methoden, die Kulturpflanzen mit neuen, angepassten Eigenschaften ausstatten. Wir sind in hohem Maße auf ihre Kreativität angewiesen.

In den Entwicklungsländern leben 500 Millionen Menschen in ariden, also trockenen Regionen ohne Zugang zu

Bewässerungssystemen, weitere 400 Millionen leben auf für die Landwirtschaft ungeeigneten Böden. Um das Jahr 2050 – so die aktuellen UN-Prognosen – wird sich die Weltbevölkerung zwischen acht und elf Millionen einpendeln. In den nächsten 20 Jahren muss daher die Nahrungsproduktion noch einmal um 40 Prozent gesteigert werden. Wenn dafür jedoch die Ackerflächen ausgedehnt werden, geht das nur auf Kosten von wildreichen Savannen und tropischen Wäldern. Deshalb sollte man alle Möglichkeiten nutzen – auch die gentechnischen –, um mehr Nahrung auf gleicher Fläche zu ernten. Anstatt sie zu bekämpfen, sollte man die Genpflanzenzüchter beim Wort nehmen: Lasst sie beweisen, welche ihrer Versprechungen realistisch sind.

Als Gentechnik bezeichnet man ein Verfahren, ein isoliertes Gen mit bekannten Eigenschaften dem Erbgut eines Lebewesens hinzuzufügen. »Die übertragenen Gene können aus der Wildform, aus anderen Pflanzen, Bakterien oder Pilzen stammen«, erklärt die deutsche Medizin-Nobelpreisträgerin Christiane Nüsslein-Volhard, »allerdings funktioniert das alles nicht gleich gut. In den meisten Fällen kennt man die Pflanzengene gar nicht, die beispielsweise resistent machen gegen Frost oder einen bestimmten Pilz.« Man kennt solche Gene eher von einem Bakterium oder einem Pilz, weil sich diese Organismen leichter erforschen lassen als Pflanzen. Es wird daher meist versucht, ein bereits bekanntes Resistenzgen aus Bakterien auf Pflanzen zu übertragen – mit unterschiedlichen Erfolgen.

Um die Akzeptanz bei den Menschen in den Industrieländern zu steigern, gibt es inzwischen auch verschiedene Stufen zwischen konventionellen Züchtungsmethoden und der Gentechnik. Dazu zählt beispielsweise die sogenannte markergestützte Selektion, oft auch »Smart Breeding« genannt. Dabei greifen die Züchter auf immer größere Gen-Datenbanken zurück, in denen Erbinformationen von Pflanzen gesammelt werden. Das ist so eine Art Katalog, in dem Myriaden von pflanzlichen Erbeigenschaften verzeichnet sind. Sie markieren eine ganz bestimmte Gen-Region, deren Eigenschaften verstärkt werden sollen. Diese züchten sie dann mit herkömmlichen Methoden heran. Das gezielte Vorgehen spart Zeit und Geld. Die Methode ist auch im Biolandbau sehr beliebt, man nützt also durchaus die wissenschaftlichen Erkenntnisse, die Pflanzenzüchter der Gentechnik zu verdanken haben.

Eine andere Methode nimmt darauf Rücksicht, dass viele Verbraucher nicht akzeptieren, dass Gene anderer Arten in eine Pflanze eingebracht werden. Stattdessen sucht man in wilden Verwandten nach Genen mit den gewünschten Eigenschaften und verbessert die Kulturpflanze mit ihrer Hilfe. Ein solcher Gentransfer zwischen Pflanzen, die auch konventionell züchtbar wären, könnte einen gesellschaftlich tragbaren Weg für die Entwicklung gentechnisch veränderter Pflanzen aufzeigen, meinen die Befürworter dieser Methode. Ihr Vorteil liegt darin, dass nur die gewünschten Eigenschaften der Wildpflanze implantiert werden – und nicht die unerwünschten, wie es bei der konventionellen Züchtung oft passiert.

Die äußerst teure und aufwendige Forschung steht in vielem erst am Anfang. Im Fokus der klassischen Grünen Gentechnik befinden sich Pflanzen wie Reis, Mais, Raps, Sojabohnen, Baumwolle, Gerste und Tomaten. Zu den Hoffnungen, die damit verbunden werden, zählen:

• Die Schonung der Wasservorräte. Die Landwirtschaft ist weltweit der größte Wasserverbraucher. Neue Pflanzen sollen mit weniger Wasser die gleichen Erträge produzieren.

- Mehr Ertrag von trockenen und salzigen Böden. Die Dürretoleranz und Salztoleranz von Wildformen soll auf Nutzpflanzen übertragen werden. Dies könnte die Ernte in benachteiligten Regionen verbessern.
- Eingebaute Resistenz gegen Schädlinge. Das verringert den Einsatz von Spritzmitteln.
- Weniger Dünger-Einsatz durch Pflanzen, die den Stickstoff aus der Luft selbst binden können.
- Verbesserung der Nährstoffe in den Pflanzen für eine bessere Ernährung.
- Entwicklung maßgeschneiderter Pflanzen, die auch Allergiker vertragen.
- Entlastung der noch vorhandenen unberührten Naturgebiete durch höheren Ertrag auf den vorhandenen Flächen.

Sicherlich muss noch auf den einen oder anderen Durchbruch in dieser Technik gewartet werden, gleichwohl gibt es aber schon vorzeigbare und vielversprechende Erfolge. Viele der Projekte, an denen die Wissenschaftler derzeit arbeiten, könnten drängende Umwelt- und Menschheitsprobleme lösen. Der Goldene Reis ist nur ein Beispiel unter vielen.

Die beiden Genforscher Peter Beyer und Ingo Potrykus haben eine neue Reissorte entwickelt, die speziell unterernährten Menschen und Kleinbauern in armen Ländern zugutekommt. Dieser Fall könnte den Diskurs über Gentechnik, Moral und Verantwortungsbewusstsein beflügeln. Weltweit leiden über 100 Millionen Kinder an schwerem Vitamin-A-Mangel, ein bis zwei Millionen sterben daran, viele bekommen davon schwere Sehstörungen. Die neue Reissorte, wegen ihrer gelblichen Farbe Goldener Reis genannt, kann dieses Elend lindern, denn sie enthält besonders viel Vitamin A und Eisen. Die beiden deutschen Wissenschaftler haben von vornherein darauf geachtet, dass der Goldene Reis denen zugutekommt, die ihn brauchen. Im internationalen Reisforschungsinstitut auf den Philippinen verschenkten sie in einem symbolischen Akt ihre Erfindung an die Kleinbauern in den Entwicklungsländern.

Zuvor war es ihnen gelungen, sechs Weltkonzerne, darunter Bayer und Monsanto, zur Patentfreigabe der entscheidenden biotechnischen Verfahren zu bewegen. Dies war ein in der Wissenschafts- und Industriegeschichte bisher einmaliger Coup im Dienste der Humanität. »Unsere Reissorte wurde weder von der Industrie noch für sie entwickelt«, betonen die beiden Forscher. »Ihr Nutzen liegt ganz bei den armen Bevölkerungsschichten, sie wird kostenlos und ohne Beschränkung an bäuerliche Selbstversorger abgegeben. Jede Ernte kann zur Wiederaussaat verwendet werden. Sie schafft keinerlei neue Abhängigkeiten, und sie bietet reichen Landbesitzern keine Vorteile. Ebenso wenig beeinträchtigt sie die natürliche Artenvielfalt. Und sie hat, soweit erkennbar, weder negative Auswirkungen auf die Umwelt noch birgt sie gesundheitliche Gefahren für die Verbraucher.«

Forscher der Universität Hohenheim haben die Ernährungsgewohnheiten von 120 000 Haushalten in Indien untersucht und kamen in einer Studie 2007 zu dem Schluss, dass Mangelernährung mit angereicherten Sorten besser bekämpft werden könne als mit herkömmlichen Medikamenten und künstlichen Vitaminen, wie dies ohne große Erfolge versucht worden sei. Doch zahlreiche für die Menschen segensreiche neue Pflanzen werden aufgrund der westlichen Anti-Gentechnikkampagnen erst viel später als möglich – wenn überhaupt – entwickelt und zugelassen. Das kommt nach Ansicht vieler Wissenschaftler dem Tatbestand der unterlassenen Hilfeleistung nahe. »Dies ist der eigentliche Gentechnik-Skandal«, sagt der britische Oberhaus-Abgeordnete Lord Dick Taverne.

Auch dürretolerantes oder salztolerantes Getreide wäre für viele trockene Regionen auf dem Globus ein wahrer Segen. Mexikanischen Wissenschaftlern ist es inzwischen gelungen, den Ackerschmalwand, die »Modellpflanze« der Genforscher, erfolgreich mit einem »Trockenheitsgen« aus Moosfarn zu kombinieren. Die Versuchspflanzen erholten sich selbst nach längeren Perioden vollkommener Trockenheit. Für wasserarme Länder wachsen in den Labors der Universität von Cuernavaca Hoffnungsträger.

Eine wiederkehrende Reissorte, die wie ein Beerenstrauch jede Saison neue Früchte trägt, könnte die alljährliche Bodenbearbeitung überflüssig machen und damit Erosionsprobleme eindämmen. Das von manchen Umweltschützern gerne bemühte Argument, ein intensiverer Anbau mit gentechnisch veränderten Pflanzen verschärfe das Erosionsproblem, stellt die Dinge vollkommen auf den Kopf. Die beste Methode gegen Erosion ist der Verzicht auf das Pflügen. Und genau dieser Verzicht wird in Nordamerika durch Genpflanzen, die das Pflügen in Verbindung mit einem Totalherbizid überflüssig machen, heute schon auf Millionen Hektar praktiziert. Die Methode verringert den Bodenverlust drastisch.

Es wird in etwas fernerer Zukunft möglicherweise Getreidesorten geben, die sich selbst düngen und ohne chemische Gifte selbst gegen Schädlinge wehren. Was werden Biobauern tun, wenn sich solche Pflanzen bewähren? Spätestens dann wird die Front der Gentechnik-Gegner wackeln. Biolandbau und Gentechnik könnten eines Tages zusammenwachsen. Es gibt durchaus auch Naturschützer, die sich für die Anwendung der gentechnischen Pflanzenzüchtung aussprechen. Jeffrey A. McNeely, Chef-Wissenschaftler der internationalen Naturschutz-Dachorganisation IUCN, meint: »Anstatt von der Chemie mit ihren toxischen Nebeneffekten abhängig zu sein, wird die Landwirtschaft der Zukunft auf der Biologie basieren, einer Wissenschaft der Erneuerung und Wiederverwertung.« Und er wagt die Prognose: »Vom Grundsatz her werden sich die Menschen in der Nahrungskette weiter hinabbewegen und weniger Fleisch benötigen, weil mehr der für eine ausgewogene Ernährung erforderlichen Nährstoffe durch neuartige Pflanzen bereitgestellt werden.«

Und das Gleiche gilt wohl auch für Fisch: So eröffnet die Gentechnik die Chance, gesundheitlich wertvolle Fettsäuren statt aus Fischen künftig aus Pflanzen zu gewinnen. Selbst die dramatische Überfischung der Meere kann den Bedarf des Menschen an langkettigen ungesättigten Fettsäuren nicht mehr decken. Der hohe Gehalt an diesen hochwertigen Fettsäuren im Fisch ist zum Großteil auf eine Anreicherung aus dem Plankton über die Nahrungskette zurückzuführen. Deshalb will man die Gene aus dem Plankton direkt in Pflanzen wie Lein oder Raps einbringen und daraus entsprechend wertvolles Öl gewinnen.

In dieselbe Richtung wie die Analyse von Jeffrey McNeely weist die »Declaration in Support of Protecting Nature with High-Yield Farming and Forestry« (»Erklärung zur Bewahrung der Natur durch Hochertragslandwirtschaft und -Forstwirtschaft«). In der Deklaration »Growing More Per Acre Leaves More Land for Nature« (»Mehr Ertrag pro Hektar lässt mehr Land für die Natur übrig«) wird in aller Deutlichkeit darauf hingewiesen, »welche entscheidende Rolle eine intensive Hochertragslandwirtschaft und Forstwirtschaft für die Bewahrung der Natur und der Artenvielfalt bislang gespielt hat und weiterhin spielen muss.« Dahinter steht eine Gruppe verdienstvoller Umweltschützer. Oscar Arias, Friedensnobelpreisträger, Präsident von Costa Rica und Retter des dortigen Regenwaldes, gehörte genauso dazu wie Patrick Moore, der Mitbegründer von Greenpeace, und Eugène Lapointe, früherer Generalsekretär des internationalen Artenschutzabkommens CITES und heute Präsident des World Conservation Trust. Auch der ehemalige demokratische US-Senator George McGovern, der sich heute als UN-Botschafter für die Hungernden einsetzt, reihte sich in die große Koalition ein. Angeführt wird sie von dem Friedensnobelpreisträger Norman Borlaug (siehe Interview).

Die Experten weisen nachdrücklich darauf hin, dass die Weltproduktion an land- und forstwirtschaftlichen Produkten zur Versorgung der wachsenden Menschheit in den nächsten 50 Jahren dramatisch erhöht werden muss. Alle Fortschritte der Biologie, Ökologie, Chemie und der Technik müssten genutzt werden, um den Landwirten, kleinen Bauern und Selbstversorgern der Welt höhere Ernten ohne Umwandlung weiterer Flächen zu ermöglichen. Oscar Arias stellt heraus, dass in den Entwicklungsländern zwei Milliarden arme Menschen in oder in unmittelbarer Nachbarschaft von wertvollsten Wildnisgebieten leben, die wiederum drei Viertel aller Spezies des Planeten beherbergen. Brandrodung ist bislang für viele die einzige Möglichkeit, eine Familie zu ernähren. Gerade die herkömmlichen Nutzungsformen sind die zerstörerischsten. »Ohne höhere Erträge durch intensiven Anbau spielen wir die Erhaltung von Afrikas Naturschätzen gegen die Mangelernährung von Kindern aus«, sagt George McGovern.

Der Vorwurf von deutschen Naturschützern, hier werde

ein veraltetes Konzept der »Segregation«, nämlich der Unterteilung in intensiv genutzte landwirtschaftliche Flächen und Wildnisflächen, propagiert, zeugt von einer argen nationalen Binnensicht mancher Naturschützer. Zunächst einmal bedeutet jede Form der Landwirtschaft einen schwerwiegenden Eingriff in die Natur, und dies gilt selbstverständlich auch für den Biolandbau. Vielleicht lässt sich hierzulande die Zahl der Singvogelarten oder Schmetterlinge stabilisieren, dennoch wird es stets auch Verlierer gegenüber dem Zustand der Wildnis geben. Es gibt Formen der Landwirtschaft, in denen Vögel einen Platz haben, aber es gibt keine, mit der Elefanten kompatibel wären. Wer große Säugetiere schützen will, muss alles tun, um die noch vorhandenen Wildnisgebiete möglichst von der landwirtschaftlichen Nutzung auszusparen.

Hierzulande sind die Bedingungen vollkommen anders. Wir können uns einen hohen Anteil Ökolandbau ökologisch und ökonomisch leisten. Auch beflügelt er alleine durch seine Existenz die Umweltbemühungen der konventionellen Landwirtschaft. Wir sollten aber wissen, dass der Slogan »Klasse statt Masse« einer auf die westliche Wohlstandsgesellschaft zentrierten Sicht entspringt. Auch dagegen ist nichts zu sagen, solange man den technischen Fortschritt in der Landwirtschaft nicht grundsätzlich verhindern will, denn es verstößt gegen das Prinzip einer vernünftigen Vorsorge. Indur M. Goklany, unter der Clinton-Gore-Regierung international angesehener US-Unterhändler auf Umwelt-Konferenzen der UN, weist darauf in seinem viel beachteten Buch *The Precautionary Principle* hin. Goklany stellt alle Risiken der Anwendung Grüner Gentechnik jenen ihrer Nichtanwendung gegenüber. Und er kommt zu einem eindeutigen Ergebnis: Das Vorsorgeprinzip gebiete, dass weiterhin solche gentechnischen Pflanzen entwickelt und kommerzialisiert würden (selbstverständlich mit entsprechenden Sicherheitsmaßnahmen), welche die Nahrungsmittelproduktion erhöhen und damit die Ernährung und Gesundheit der Menschen verbessern, besonders der in den Entwicklungsländern. Goklany: »In Abwägung der Unsicherheiten einerseits und der in Zukunft erwartbaren Vorteile andererseits muss der Anwendung der Grünen Gentechnik der Vorrang vor ihrer Nichtanwendung gegeben werden.«

14

»MUTTER NATUR IST GENTECHNIKERIN«

Interview mit Professor Norman Borlaug

Während jedes Schulkind die Namen der Massenmörder des 20. Jahrhunderts lernt, ist der Name Borlaug in Europa so gut wie unbekannt. Und selbst in seiner Heimat, den Vereinigten Staaten, ist er nicht sonderlich prominent. Dabei hat wohl kein Mensch mehr Leben gerettet als Borlaug und seine Mitstreiter in der »Grünen Revolution«. Sie entwickelten in den Fünfziger- und Sechzigerjahren bessere Anbaumethoden und neue Getreidesorten für die Bauern der Welt. Seit sie eingeführt wurden, blieben die früher üblichen großen Hungersnöte in Asien aus. Millionen Menschen, die sonst verhungert wären, hatten zu essen. Heute erklärt die UN, dass keine der Hungersnöte jüngerer Zeit (die alle in Afrika stattfanden) am Nahrungsmittelmangel lag, sondern durch Kriege oder die politischen Entscheidungen unfähiger Regierungen ausgelöst wurden.

Norman Borlaug erhielt 57 Ehrendoktortitel und ist Mitglied der Wissenschaftsakademien von zwölf Nationen. Ihm wurden 32 Preise für seine Verdienste in Wissenschaft, Landwirtschaft und Entwicklungshilfe verliehen, zuletzt im Jahr 2007 die Goldmedaille des US-Kongresses. 1970 erhielt er

für seinen Beitrag zur Grünen Revolution den Friedensnobelpreis.

Borlaug wurde 1914 geboren und wuchs auf einer kleinen Farm in Iowa auf. Dort besuchte er eine ländliche
Volksschule mit einem einzigen Klassenzimmer für alle. Als
junger Mann hielt er sich mit schlecht bezahlten Jobs über
Wasser. Ein Studium konnte er sich nur leisten, weil die
Universität ihn wegen seiner sportlichen Leistungen un-
terstützte (er war ein erfolgreicher Ringer). Mithilfe der
Rockefeller-Stiftung kam er an ein agrarbotanisches Forschungsinstitut in Mexiko, wo er im Team mit anderen
bessere Weizensorten entwickelte. Borlaugs Stärke war, verschiedene Stränge der Forschung zusammenzuführen, damit
anwendbare Ergebnisse für die Bauern dabei herauskamen.
Die neuen mexikanischen Hochertragssorten führten in Indien zur Erhöhung der Weizenernte von zwölf auf 76 Millionen Tonnen jährlich in vier Jahrzehnten, in Pakistan von
4,5 auf 21 Millionen Tonnen. Sie werden heute auf 80 Millionen Hektar weltweit angebaut. Seit den Achtzigerjahren
engagiert sich Borlaug besonders für die Weiterentwicklung
der afrikanischen Landwirtschaft. In der Grünen Gentechnik sieht er die konsequente Weiterführung dessen, was er
und seine Kollegen mit der Grünen Revolution begonnen
haben.

**Professor Borlaug, Sie sind über 90 Jahre alt und blicken
auf ein aktives Leben zurück. Genießen Sie Ihren Ruhe-
stand?**
Borlaug: Ich bin kein Rentner. Ich bin immer noch beruflich
aktiv, als Professor, als Forschungsleiter und als Vorsitzender
einer privaten Organisation, die sich für den Ausbau der
Landwirtschaft in Afrika einsetzt.

Sie haben ein Leben lang gegen Hunger und Armut gekämpft. Immer noch steht 850 Millionen Menschen nicht genügend Nahrung zur Verfügung. Ist die Grüne Revolution gescheitert?

Borlaug: 1960 waren 40 Prozent der Menschheit unterernährt. Wäre es bei dieser Relation geblieben, hätten heute über zwei Milliarden Menschen nicht genug zu essen. Die Grüne Revolution hat die Produktion innerhalb von 40 Jahren verdreifacht. Dadurch sank der durchschnittliche Preis für Getreide um die Hälfte. Heute sind 17 Prozent der Menschheit unterernährt. Das ist weiterhin eine Schande, besonders weil wir die technischen Möglichkeiten und die finanziellen Mittel haben, diese Plage ganz abzuschaffen.

Was läuft falsch? Warum gibt es immer noch Hunger auf der Welt?

Borlaug: Es fehlt der politische Wille. Viele Führer in armen Staaten ignorieren die Nöte der Landbevölkerung, obwohl ihre Länder ganz überwiegend Agrarländer sind. In den reichen Ländern sinkt der Anteil der Entwicklungshilfe am Inlandsprodukt seit drei Jahrzehnten stetig. In relativen Zahlen gerechnet rangieren die USA auf einem der untersten Plätze bei den OECD-Staaten. Unsere Regierung steckt 20 Milliarden Dollar in die Entwicklungshilfe und 500 Milliarden ins Militär. Das sind 56 Prozent der weltweiten Militärausgaben.

Wer genau hungert heutzutage?

Borlaug: Das UN Millennium Development Project geht von 850 Millionen Hungrigen aus. Die Hälfte davon sind Bauern in abgelegenen Gebieten mit schlechten natürlichen Bedingungen. 20 Prozent sind Hirten und Fischer. Ebenfalls zirka

20 Prozent sind landlose Kleinbauern, hauptsächlich in den bevölkerungsreichen Ländern Asiens. Der Rest sind städtische Arme. Also lebt die große Mehrzahl der unterernährten Menschen in irgendeiner Form von Landwirtschaft. Und dennoch haben Regierungen und internationale Organisationen ihre Investitionen in Agrarforschung stetig gekürzt. Auch für Infrastruktur und Agrardienstleistungen wird immer weniger ausgegeben.

Kommt die Globalisierung diesen Ärmsten der Armen eher zugute oder im Gegenteil?
Borlaug: Das Mantra der Globalisierung und derer, die so verliebt in privatwirtschaftliche Lösungen für alles sind, lautet: Die Märkte werden es richten. Die Märkte können aber nicht alle Probleme lösen. Dringend gebraucht werden auch kluge öffentliche Investitionen in die landwirtschaftliche Wertschöpfungskette. In Äthiopien wohnen zwei Drittel der Bevölkerung mehr als einen halben Tagesmarsch entfernt von einer brauchbaren Straße. Wie können sie am Weltmarkt teilnehmen? Wegen solcher kurzsichtigen Ideologien gibt es immer noch Hunger auf der Welt.

Macht nicht auch das schnelle Bevölkerungswachstum in einigen Ländern die Erfolge zunichte?
Borlaug: Rein technisch ist es möglich, eine Weltbevölkerung von zehn Milliarden zu ernähren. Bevölkerungsexplosionen in Entwicklungsländern verringern die Möglichkeiten von Regierungen, sich ausreichend um das Notwendigste zu kümmern: um Wasserversorgung, Schulen, Krankenhäuser, Elektrizität. Acht von zehn Babys, die in diese Welt geboren werden, beginnen ihr Leben in Armut, in einer Familie, die ihnen oftmals nicht die Ernährung und Pflege bieten

kann, die sie für eine gesunde Entwicklung von Geist und Körper brauchen. Also ja, das, was ich das »Bevölkerungsmonster« nenne, ist ein ernstes Problem für die menschliche Entwicklung und die Umwelt.

Manche Umweltaktivisten sagen, dass steigender Wohlstand die Situation verschlechtert. Geben Sie ihnen recht?
Borlaug: In den reichen Ländern ging die Umweltverschmutzung zurück. Die großen Umweltschäden von heute passieren in den armen, ländlichen Gegenden der Entwicklungsländer. Dort wird in alarmierendem Ausmaß Wald gerodet, Boden ausgelaugt und Wasser verschmutzt. Analphabetismus ist ein Riesenproblem. Es ist erwiesen, dass die schulische Ausbildung von Mädchen die Geburtenraten senkt. Die reichen Länder sollten in die Grundschulen der armen Länder investieren, nicht aus Wohltätigkeit, sondern aus Eigeninteresse.

Die UN hat das Ziel gesetzt, die Zahl der unterernährten Menschen bis zum Jahr 2015 zu halbieren. Ist das realistisch?
Borlaug: Ja und nein. Technisch ist es möglich, politisch sehr unwahrscheinlich – in einer Welt, die eine Billion Dollar ins Militär pumpt und nur 50 Milliarden in staatliche Entwicklungshilfe.

Was wäre die beste Strategie, dieses Ziel zu erreichen?
Borlaug: Wir müssen in randständige ländliche Gegenden investieren. Besonders dringend werden Straßen, Wassermanagement und Agrarforschung benötigt. Wir brauchen wissenschaftlichen Fortschritt inklusive Biotechnologie. Wir brauchen Regierungen, insbesondere in Afrika, die bereit

sind, wenigstens zehn Prozent ihres Haushalts in die Entwicklung ländlicher Räume zu investieren. Wir brauchen OECD-Länder, die wenigstens 0,7 Prozent ihres Bruttoinlandsprodukts für Entwicklungshilfe ausgeben. Und wir brauchen in den Entwicklungsländern Politiker und Staatsbeamte, die ihrer Bevölkerung rechenschaftspflichtig sind für das Geld, das ihnen anvertraut wurde.

Wie könnte denn so eine Rechenschaftspflicht erreicht werden?
Borlaug: Entwicklungshilfe sollte viel stärker an Leistungsstandards gekoppelt werden. Wenn Regierungen messbare Fortschritte erreichen, zum Beispiel im Hinblick auf die Millennium-Development-Ziele, sollten sie mit mehr Entwicklungshilfe belohnt werden. Ein System von Zuckerbrot und Peitsche wäre hilfreich. Das Prüfverfahren, das einige Staatschefs in der New Partnership for African's Development (NEPAD) eingeführt haben, ist ein Beispiel für bessere Regierungsarbeit. Demokratische Wahlen sind wichtig, denn dann sind die Regierungen den Wählern rechenschaftspflichtig. Mehr ökonomische Freiheit ist auch ein Weg zu mehr Rechenschaft, denn der Markt bestraft und belohnt. Und schließlich gibt es die neuen Möglichkeiten der Informationstechnologie. Durch sie können Daten über die erreichten Erfolge und Misserfolge viel schneller an die Planer und die Geldgeber gelangen.

Warum haben Sie sich in den letzten Jahren speziell auf Afrika konzentriert?
Borlaug: Afrikas Landwirtschaft hat ein hohes Potenzial, weil es das ganze Jahr über nie richtig kalt ist und an vielen Tagen die Sonne scheint. Die Wasservorräte sind auch erheb-

lich, sie müssten nur besser entwickelt werden. Und es ist noch viel Land vorhanden, das zusätzlich kultiviert werden könnte. Doch das Potenzial Afrikas wird vernachlässigt. So extrem vernachlässigt, dass die Nahrungssicherheit in den vergangenen 30 Jahren abgenommen hat und die Umweltzerstörung zunimmt. In relativen Zahlen gibt es nirgends mehr hungrige Menschen als in Afrika südlich der Sahara (in absoluten Zahlen sind es in Asien mehr). Afrika braucht dringend eine technische Revolution in der Landwirtschaft. Es wird wirtschaftlich nicht bergauf gehen, wenn nicht zuerst die Landwirtschaft in die Gänge kommt. Die Landbevölkerung leidet unter Krankheiten, Tierseuchen und ausgelaugten Böden. Die Wasservorräte, die Infrastruktur und speziell die Straßen und die Energieversorgung sind furchtbar unterentwickelt. Afrika braucht einen Marshallplan. Wenn es einen bekommen würde, könnte es in 20 Jahren wie verwandelt sein. Die alten Schulden an OECD-Länder und internationale Organisationen sollten erlassen und die Entwicklungshilfe verdoppelt werden. Aber all das wird nicht ausreichen, wenn nicht die afrikanischen Regierungen selbst besser handeln als in der Vergangenheit.

Kommen wir mal vom Thema »Entwicklung« zum Thema »Umwelt«. Die Grüne Revolution hat zu höheren Erträgen geführt. Aber der Preis waren Monokulturen und der Einsatz von mehr Agrarchemikalien.
Borlaug: Als ich geboren wurde, lebten 1,6 Milliarden Menschen auf der Welt. Nun sind es 6,6 Milliarden und jedes Jahr kommen 75 Millionen neue Erdenbürger hinzu, die essen wollen. Wir können die Uhr nicht zurückdrehen. Mit der Agrartechnik, die 1950 üblich war und die ziemlich dem Biolandbau von heute entspricht, bräuchten wir 1,1 Milliarden

Hektar Ackerfläche mehr, um die 2,2 Milliarden Tonnen Getreide zu erzeugen, die 70 Prozent der Welternährung sicherstellen. Durch Wissenschaft und Technik haben wir den Ertrag pro Hektar in 50 Jahren verdreifacht. Durch diesen Erfolg musste das Ackerland im gleichen Zeitraum nur um zehn Prozent ausgeweitet werden. Was wäre mit den Wäldern, den Steppen, den Wildtieren geschehen ohne diesen wissenschaftlichen Fortschritt? Alles wäre unter den Pflug gekommen, um das nötige Getreide zu produzieren.

Wäre Biolandbau nicht besser für den Planeten?
Borlaug: Unsinn. Das hieße, dass wir den Nutztierbestand verfünffachen oder versechsfachen müssten, um den notwendigen Dünger zu gewinnen, den wir für die Ackerböden brauchen. Der Pflanze ist es schnurzegal, ob der Stickstoff, den sie braucht, aus dem Sack mit Kunstdünger kommt oder aus dem Kuhstall. Ohne Kunstdünger könnte die Landwirtschaft weltweit nur 2,5 bis drei Milliarden Menschen ernähren. Das bedeutet, die Hälfte der Menschheit müsste sterben. Ich frage mich, wo die Freiwilligen dafür herkommen sollen.

Was halten Sie von der Grünen Gentechnik? Es ist doch gegen die Natur, Gene von unterschiedlichen Arten zu kombinieren.
Borlaug: Mutter Natur ist Gentechnikerin. Sie hat nur Jahrtausende und länger gebraucht, um die Kreuzungen durchzuführen. Es ist nichts Unnatürliches dabei, wenn man Gene zwischen taxonomischen Gruppen bewegt. Nach über zehn Jahren kommerziellem Anbau von gentechnisch veränderten Pflanzen gibt es keinen nachgewiesenen Schadensfall, der durch diese Technologie hervorgerufen wurde. Das ist

ein erstaunlicher Sicherheitsrekord, speziell für eine neue Technologie. Stellen Sie sich vor, in den ersten zehn Jahren der Fliegerei hätte es keine Unfälle gegeben. Das Problem ist, dass die Reichen und Verwöhnten eine Null-Risiko-Gesellschaft wollen. Aber es gibt kein Null-Risiko in der biologischen Welt. Wir sollten aufhören, so überängstlich zu sein.

Aber es sind doch hauptsächlich die großen Agro-Konzerne, die von der Gentechnik profitieren, weil die Bauern die patentierten Samen immer wieder neu kaufen müssen.
Borlaug: Nein. Wir hätten nicht über 100 Millionen Hektar Ackerland mit gentechnisch veränderten Pflanzen auf der Welt, wenn die Bauern keinen Vorteil davon hätten. Ich mache mir aber auch Sorgen über die mögliche Konzentration von Besitzrechten an Pflanzensorten in den Händen relativ weniger Firmen. Wir brauchen mehr gemeinnützige Forschung, damit dies nicht so kommt.

Wie beurteilen Sie das Restrisiko, dass gentechnisch veränderte Lebensmittel sich doch als gesundheitsschädlich herausstellen?
Borlaug: Möglich ist alles. Ist es wahrscheinlich? Nein. Wenn es passiert, werden die Anwälte ein Fest feiern.

Und was ist mit dem Umweltrisiko? Zum Beispiel könnte eine der veränderten Pflanzen sich unkontrolliert vermehren, ihre Samen ausstreuen und überall gedeihen, wo man sie nicht haben will.
Borlaug: Noch mehr Paranoia. Noch mehr Suche nach der perfekten, risikolosen Welt. Absoluter Quatsch.

Einige der neuen Sorten enthalten ein Bakteriengen, das sie vor Schadinsekten schützt. Das wird vermutlich zu der Entwicklung von Insekten führen, die gegen das Bakterium resistent sind. Was halten Sie von dieser Gefahr?
Borlaug: Natürlich werden immer sinnvolle Regelsysteme und Wissenschaft gebraucht. Bisher wurde das auch erreicht. Die natürlichen Feinde unserer Nutzpflanzen unterliegen der Evolution. Das ist eine Grundbedingung der Pflanzenzucht, egal ob mit Gentechnik oder ohne. Wenn man nicht schneller ist als sie, bekommen sie die Oberhand. Es gibt immer die Möglichkeit, dass Insekten und Krankheitskeime sich verändern und die Pflanze erneut angreifen. Folglich sind neue Genkombinationen und die Erweiterung des genetischen Spektrums wichtige Instrumente eines dauerhaften Pflanzenschutzes. Bei den besagten Pflanzen mit den eingebauten Eigenschaften des BT-Bakteriums wurden mehrere Gene aufeinander »gestapelt«, sodass die Widerstandskraft der Pflanze erheblich zunahm. Weitere neue Kombinationen der BT-Gene werden in Zukunft notwendig sein, um die mutierenden Insekten in Schach zu halten. Außerdem ist es wichtig, dass zwischen den Feldern auch weiterhin Flächen mit den alten Pflanzensorten angebaut werden, damit kein evolutionärer Druck auf die Schadinsekten entsteht, bessere »Waffen« zu entwickeln.

Was werden die nächsten Entwicklungen der Grünen Gentechnik sein?
Borlaug: Die nächste Generation von gentechnisch veränderten Pflanzen wird verbesserte Nährstoffgehalte haben, zum Beispiel weniger Cholesterin, mehr Mineralstoffe und Vitamine. Diese Pflanzen stehen kurz vor der kommerziellen Anwendung. Dann folgen solche, die besser mit klimatischem

Stress klarkommen (inklusive solchem, der durch globale Erwärmung entstehen könnte). Das heißt konkret: Verträglichkeit gegenüber Hitze, Kälte, Salzböden und Dürren. Diese Sorten sind noch etwa zehn Jahre von der kommerziellen Anwendbarkeit entfernt.

Und welche Eigenschaften werden aus Ihrer Sicht am dringendsten gebraucht?
Borlaug: Die Funktionen, die ich eben genannt habe, wie Dürre-Resistenz, werden dringend gebraucht. Entwicklungsländer benötigen solche verbesserten Sorten, damit der jährliche Ernteertrag verlässlicher wird. Die BT-Baumwolle ist ein großer Segen für die Baumwolle produzierenden Länder. Sie senkt die Kosten, verringert die Umweltbelastung und ist besser für die Gesundheit der Bauern, weil sie weniger Pestizide einsetzen müssen. Sorten, die trotz agroklimatischen Stressbedingungen die Nährstoffe des Bodens besser aufnehmen, würden die Notwendigkeit des Düngens reduzieren. Wenn es gelingt, solche Pflanzen zu entwickeln, wäre das ein Riesendurchbruch und sicherlich ein großer Erfolg. Beständigkeit gegen Dürre, Hitze und Salzböden würde in erster Linie den Kleinbauern zugutekommen, die unter schlechten Bedingungen arbeiten müssen und heute am stärksten von Mangelernährung betroffen sind. Verbesserte Nährstoffeigenschaften haben auch ein hohes Potenzial, aber die Verbraucher in den reichen Ländern werden sie teilweise ablehnen.

Können Sie erklären, warum viele Westeuropäer so ängstlich gegenüber der Grünen Gentechnik sind, und die Amerikaner die Sache viel cooler nehmen?
Borlaug: Im Jahr 2000 habe ich an einem europäisch-amerikanischen Biotechnology Consultative Forum mitgearbeitet,

das von Präsident Clinton und Herrn Prodi, dem Präsidenten der Europäischen Kommission, ernannt worden war. Es sollte das ganze Spektrum von Themen untersuchen, die dazu geführt haben, dass auf beiden Seiten des Atlantiks so unterschiedlich über Grüne Gentechnik gedacht wird. Es gab in dem Gremium Meinungsverschiedenheiten über Regeln und Gesetze und die Notwendigkeit einer Kennzeichnungspflicht. Aber die meisten der 20 Experten aus Europa und Amerika waren sich einig, dass die Grüne Gentechnik zu bedeutenden Fortschritten im 21. Jahrhundert führen werde. Die angesehensten Akademien Nordamerikas und Europas, inklusive des Vatikans, haben erklärt, dass sie die Grüne Gentechnik begrüßen, weil dadurch die Verfügbarkeit und Qualität von Nahrungsmitteln verbessert wird.

Das sind die Wissenschaftler, aber im Rest der europäischen Gesellschaft sind die Vorbehalte doch erheblich.
Borlaug: Es gab schon immer Menschen, die sich gegen den Fortschritt stellten. Überraschend ist allerdings die Heftigkeit einiger Reaktionen, zum Beispiel das Zerstören von Feldern. Das hat mich verwundert, wo doch gerade die Grüne Gentechnik viele Umweltvorteile bringt, zum Beispiel, dass weniger Pestizide eingesetzt werden müssen. Grüne Gentechnik ist keine Hexerei, sondern Pflanzenzucht auf molekularer Ebene. Es ist eine fortschrittliche Methode, um die Kräfte der Natur zum Wohle der menschlichen Ernährung zu nutzen. Die Idee, diese neue Technik zu unterdrücken, bis endgültig bewiesen ist, dass sie vollkommen harmlos ist, ist unrealistisch und nicht klug. Wissenschaftlicher Fortschritt bringt immer ein gewisses Risiko mit sich. Null biologisches Risiko ist nicht erreichbar.

Verstehen Sie die ablehnende Haltung vieler Europäer?
Borlaug: Ich finde die heftige Reaktion vieler Europäer schwer verständlich. Vielleicht liegt es teilweise daran, dass man fürchtet, multinationale Konzerne könnten über Patente Herr über das Getreide werden. Teilweise wurden die Proteste auch von Leuten angeheizt, die den Kapitalismus grundsätzlich ablehnen. Eine generelle Fortschrittsfeindlichkeit spielt sicherlich auch eine Rolle. Und nach dem BSE-Problem misstrauten viele Verbraucher ihren Regierungen und Behörden.

Reiche Gesellschaften können sich den Luxus leisten, eine Null-Risiko-Mentalität gegenüber dem Fortschritt zu entwickeln, selbst wenn es sich später als Unsinn herausstellt. Aber die große Mehrheit der Menschen kann sich das nicht leisten, und mit Sicherheit nicht die hungrigen Opfer von Kriegen, Naturkatastrophen und Wirtschaftskrisen. Die Debatte um Grüne Gentechnik ist aus meiner Sicht eine Debatte der Reichen auf Kosten der Armen.

Was könnte die Europäer überzeugen, dass Grüne Gentechnik keine sonderliche Gefahr darstellt?
Borlaug: Der unnötige Kampf gegen Grüne Gentechnik in Europa und anderswo hätte vielleicht vermieden werden können, wenn mehr Menschen besseren Biologieunterricht gehabt hätten. Es gibt eine große Bildungslücke, eine wachsende und beunruhigende Ignoranz über die Zusammenhänge und Probleme der Landwirtschaft und der Lebensmittelerzeugung. Dieser Bildungsmangel sollte unverzüglich behoben werden.

Sie haben mal geschrieben: »Eine der größten Bedrohungen der Menschheit ist, dass die Welt von einer alles durchdringenden, aber gut getarnten Bürokratie erstickt wird.« Sehen Sie das immer noch so?

Borlaug: Ja. Bürokratien in Wissenschaft, Verwaltung und Politik verhindern und erschweren Neuerungen und Fortschritt. Sie sind heimtückisch und ruinieren letzten Endes die meisten Organisationen. Nach einiger Zeit sind die Kosten einer Reform zu hoch. Dann muss man ihnen seitlich ausweichen und neue Institutionen gründen.

15

DIE ZUKUNFT DER LANDWIRTSCHAFT

Die wichtigsten Fakten in Kürze:

- Auf der vorhandenen Fläche müssen immer mehr Nahrungsmittel erzeugt werden, dies ist mit dem heutigen Biolandbau nicht zu realisieren.
- Die wachsende Weltbevölkerung lässt sich nur mit einer effizienten Landwirtschaft im industriellen Maßstab ernähren.
- Technologie und Wissenschaft werden zur Grundlage für eine ökologische und ethisch runderneuerte Produktionsweise.
- In den Industrieländern wird der traditionelle Kleinbetrieb mehr und mehr durch arbeitsteilige Großbetriebe ersetzt.

Im Jahr 2007 machte sich ein neues Phänomen bemerkbar: Die deutschen Bauern klagten nicht! Kein Jammern über mieses Wetter, schlechte Ernten, unfaire Preise oder unfähige Agrarbürokraten. Nach einem halben Jahrhundert Planwirtschaft entdecken die 350 000 verbliebenen landwirtschaftlichen Betriebe plötzlich die freie Marktwirtschaft mit all ihren Vorzügen. Die Nachfrage übersteigt das Angebot und die Preise für landwirtschaftliche Produkte steigen. So-

210

gar die Globalisierung, die noch vor Kurzem als Hauptfeind des deutschen Landmannes ausgemacht wurde, wird plötzlich in einem milderen Licht gesehen: Sind es doch gerade Inder und Chinesen, deren gesteigerter Appetit auf Milch oder Fleisch die Preise nach oben treibt. Die dort rasant wachsende Mittelschicht schätzt europäische Lebensmittel. Mehr als eine Million Chinesen haben bereits ein Einkommen von über 100 000 Dollar und über 100 Millionen Chinesen können sich schon ausländische Lebensmittel leisten.

Die Agrarwende ist da, allerdings ganz anders, als noch vor wenigen Jahren prophezeit wurde. Erinnert sich noch jemand an die BSE-Krise und die damit verbundenen Diskussionen, in deren Verlauf man den Eindruck gewinnen konnte, die Zukunft liege im romantischen Rückschritt zum selbstgenügsamen und möglichst wenig technisierten bäuerlichen Familienbetrieb? Erinnert sich noch jemand an zeternde Bauernfunktionäre, die mit dem Ende der Milchquote den Untergang des Abendlandes im Allgemeinen und der bäuerlichen Almwirtschaft im Speziellen an die Wand malten?

Das alles scheint unendlich weit weg. Seit auch bei Aldi oder Lidl die Preise für Butter oder Milch anziehen, gilt sogar die viel gescholtene Turbokuh als deutscher Leistungsträger erster Ordnung. Schon fordern viele Bauern die Abschaffung der Centralen Marketingagentur der deutschen Agrarwirtschaft (CMA), die mit gesetzlich verordneten Zwangsbeiträgen den Absatz landwirtschaftlicher Produkte ankurbeln soll (»Fleisch ist ein Stück Lebenskraft«) – was aber gar nicht mehr nötig sei. Die galoppierenden Weizenpreise werden auf den Wirtschaftsseiten der Zeitungen mittlerweile ebenso genannt wie die Öl- oder Goldpreise. Die Illustrierte *Stern* kommentierte die Situation so: »Wie heißt das Fest Ende

September doch gleich? Erntedankfest? Könnte es sein, dass man sich den Namen wieder merken muss?«

Die Kraft des Faktischen entfaltet ihre Wirkung und lässt Ideologen und Bürokraten alt aussehen. Und diese Fakten lassen sich auf eine ziemlich einfache Formel bringen: Standen 1950 auf der Welt noch 5000 Quadratmeter pro Kopf für die Nahrungsmittelproduktion zur Verfügung, so wird es Schätzungen zufolge 2050 für jeden Menschen nur noch eine Fläche von 1750 Quadratmetern sein. Und das bei steigenden Ansprüchen und verstärkter Nachfrage nach eiweißhaltigen Lebensmitteln. Und obendrauf kommt noch der Anbau von Energiepflanzen als Erdölersatz.

Eine der wichtigsten globalen Entwicklungen dürfte die Aussaat von immer mehr gentechnisch veränderten Pflanzensorten sein, insbesondere in den sich entwickelnden Ländern steigt ihre Verbreitung rasch. »Die Biotechnologie könnte eine grundlegende Quelle neuer Ertragssteigerungen erschließen«, schreibt das Washingtoner Population Reference Bureau, eine Organisation, die sich mit dem Bevölkerungswachstum beschäftigt und dessen Auswirkungen auf Ressourcen und Umwelt untersucht. Experten sprechen längst von der »Next Food Revolution«, welche die Nahrungsmittelproduktion mindestens so revolutionieren werde wie in den Siebzigerjahren des vorherigen Jahrhunderts die »Grüne Revolution«, als neue Pflanzensorten die Ernährung der schnell wachsenden Weltbevölkerung sicherstellten. Um auf der vorhandenen Fläche die steigenden Bedürfnisse zu befriedigen, werden sich hoch technisierte und innovative Produktionsweisen durchsetzen. Die effizienten und rentablen Großbetriebe, die in Deutschlands Osten aus ehemaligen LPGs hervorgingen, zeigen, wohin die Entwicklung gehen wird. Die künftige bäuerliche Großfamilie heißt wohl nicht

Müller oder Meier, sondern GmbH. Und dies muss auch für die Umwelt und die Tiere kein Nachteil sein. Die entsprechenden Investitionen für umweltfreundliche Techniken oder artgerechte Tierställe fallen finanzstarken Agro-Unternehmen leichter als kleinen Einzelkämpfern. Egal ob Bio oder konventionell, nicht die Größe eines Betriebes, sondern die Produktionsweise entscheidet über die Umweltverträglichkeit.

Schlagworte wie »Massentierhaltung« und »Agrarfabriken« haben ein falsches Bild erzeugt. Viele glauben beispielsweise, Großbetriebe quälten Tiere und verschmutzten die Umwelt. Doch in Ostdeutschland gibt es anerkannte Biofarmen, die mehrere Tausend Hektar umfassen und riesige Viehherden pflegen. So werden auf Gut Dalwitz in Mecklenburg-Vorpommern beinahe 1000 Rinder gehalten. Klassische Massentierhaltung? Weit gefehlt: Hier wächst in artgerechter Haltung feinstes Biofleisch heran. Wie im Wilden Westen, so streunen die Tiere im wilden Osten das ganze Jahr über auf rund 1000 Hektar Weideland umher. Ganze 20 Beschäftigte managen Deutschlands erste biologische »Großranch«, der auch noch ein Reiterhof, ein Feriengut und ein Restaurant angeschlossen sind. Mit Romantik hat hier keiner was im Sinn, es geht den Unternehmern darum, mit konkurrenzfähigen Produkten im Markt zu bestehen. In süddeutschen Kleinbauernhöfen dagegen stehen die Kühe oft lebenslänglich angekettet im Stall. Der Auslauf auf der grünen Wiese ist jedoch keine generelle Alternative. Allein die über 25 Millionen Schweine, die in Deutschland gehalten werden, würden in Freilandhaltung eine Fläche eines mittleren Bundeslandes benötigen.

Eines der größten und erfolgreichsten ökologischen Landbauprojekte der Bundesrepublik ist im thüringischen Vachdorf zu besichtigen. Man könnte fast glauben, es handele sich um Agro-Business in den USA. Es dröhnt und staubt, die Erde zittert. In einer Fünferreihe fressen sich gewaltige Mähdrescher durch die endlosen Getreidefelder und spucken ihre Ladung auf bereitstehende Lastwagen. Der ökologische Großbetrieb umfasst ein ganzes Tal und mehrere Dörfer. Am Büro wurde 1989 das Schild »LPG Wilhelm Pieck« abgeschraubt und 1991 durch ein neues ersetzt: »Ökozentrum Werratal GmbH«. Seitdem wird hier von ökologisch bewirtschafteten Äckern und Wiesen geerntet. Ein Team unternehmerischer Landwirte arbeitet streng nach Bio-Normen – zugleich aber effizient, hoch technisiert und in riesigen Dimensionen. Unter anderem verlassen weit über eine Million Liter Milch pro Jahr den Betrieb. Auf fortschrittlichen Biohöfen hat die Kuh nicht nur einen Namen, sondern längst auch einen Chip im Halsband, der automatisch das Futtergatter öffnet und für die individuell richtige Mischung sorgt. Das Bild der von Hand melkenden Bäuerin gehört der Vergangenheit an, selbst die üblichen Melkmaschinen haben bald nostalgischen Wert. Melkroboter erledigen die Aufgabe längst vollautomatisch. Während die Tiere bislang vielfach nur zweimal am Tag gemolken wurden, gehen die Kühe nun von selbst zum Melkstand – wann und wie oft sie auch immer das Bedürfnis verspüren. Eine Laseroptik erfasst den Euter wie von Geisterhand. Das spart nicht nur viel Arbeitskraft und führt zu höheren Milchleistungen, sondern soll den Tieren auch zu mehr Wohlbefinden und Gesundheit verhelfen.

Die Landwirtschaft – egal ob Bio oder nicht – wird vom ökologischen Sorgenkind zum lukrativen Geschäftsfeld. Die großen Bankhäuser und Investmentfirmen haben sie als Geldanlage ausgemacht. Agrarkonzerne, Düngemittelhersteller,

Landmaschinen- und Saatgut-Produzenten profitieren davon, es etabliert sich aber auch ein neuer Bauerntypus. In einer solchen Situation treten Unternehmer auf den Plan und Innovationen setzen sich durch. So ein Melkroboter kostet 120 000 Euro. Ein weiteres Beispiel: Bislang verschwand ein erheblicher Anteil von Dünger und Pflanzenschutzmitteln ungenutzt in Boden, Luft und Wasser. Jetzt werden mithilfe von Satelliten die Felder kartiert und analysiert. Computer ermitteln dann präzise, welche Nährstoffe an welcher Stelle benötigt werden, und der Satellit steuert ihre punktgenaue Ausbringung. Analog zu den Navigationssystemen, die Autofahrern den Weg weisen, werden auch Landmaschinen gelenkt. Der Traktor wird intelligent. Agrarforscher ermittelten Dünger- und Pestizideinsparungen von bis zu 40 Prozent bei gleichzeitiger Ertragssteigerung. Schon seit den Neunzigerjahren hat sich der Einsatz von Industriedünger und Pflanzenschutzmitteln in Deutschland halbiert – auch wegen des durch den Biolandbau entstandenen Drucks der Verbraucher. Derzeit wird hierzulande erst ein Bruchteil der Fläche im sogenannten Precision Farming bearbeitet. Der Ackerbau steht nicht am Ende der Technisierung, sondern erst am Anfang.

Eine Emanzipation der Landwirtschaft vom Land ist teilweise schon Realität. Längst wachsen Holland-Tomaten auf Steinwollquadern, die per Schlauchsystem mit Wasser und Dünger versorgt werden. Ihr schlechter Ruf ist dabei längst nicht mehr durch die Fakten gedeckt: So setzen die Gewächshaus-Produzenten weniger als ein Drittel der Pestizide ein, die konventionelle Bauern derzeit noch auf die Felder sprühen. Im Treibhaus ist die biologische Schädlingsbekämpfung mit Marienkäfer oder Schlupfwespe auf dem Vormarsch. Hummelvölker bewähren sich als konkurrenzlos effektive Bestäuber. Im Nährstoffgehalt stehen Salat, Paprika, Gurken oder Radieschen dem im Freiland Angebauten ohnehin nicht nach. Das Gemüse der Zukunft könnte mitunter sogar auf den Dächern städtischer Wohnblocks wachsen. Auch der Anbau von Pilzen oder Algen emanzipiert die Nahrungsmittelherstellung vom Acker und vom Klima. Beliebt sind eiweißreiche Pilze wie Shiitake, Maitake, Matsutake, Enoki oder Austernpilze. Sie können roh, gekocht oder gegrillt verzehrt werden, dienen aber auch als Basis vegetarischer Fertiggerichte.

Die Einwohner einer Stadt wie Berlin verschlingen am Tag Tausende von Tonnen Obst, Brot, Gemüse, Milch, Eier und Fleisch. Diese Großversorgung erfordert eine Produktion und eine Logistik im industriellen Maßstab. In den sich entwickelnden Ländern ist diese Herausforderung noch viel größer. Dort zeichnet sich im Zeitraffer eine ähnliche Entwicklung ab, wie sie zuvor Europa und Nordamerika durchlaufen haben. Immer mehr Menschen konzentrieren sich in den Megastädten und ihr Hunger nach hochwertigen Lebensmitteln wächst mit dem Einkommen, besonders der auf Fleisch.

Weltweit leben weniger als ein Prozent der Menschen freiwillig vegetarisch, und weniger als 0,1 Prozent sind strenge Veganer, verzichten also auch auf Eier und Milchprodukte. »Keine der großen Weltreligionen hat ihre Anhänger jemals zum Veganismus aufgefordert«, schrieb der amerikanische Anthropologe Marvin Harris. »Die Ernährungsweise der Hindus entspricht in dieser Hinsicht einfach nicht den Vorurteilen, die über sie im Umlauf sind.« Jeder, der einmal in Indien war, hat erlebt, dass auch dort fast alle Menschen Milch, Butter und Käse essen, dass geklärte Butter (ghee) zum Braten genommen wird. Wer nicht zur Brahmanenkaste gehört, also die große Mehrheit der Bevölkerung, isst, wenn er es sich leisten kann, zumindest Fisch und Geflügel. Viele Hindus nehmen es mit der Religion jedoch nicht so genau und verschmähen auch Lammfleisch nicht. Wirklich streng tabuisiert ist lediglich das Rindfleisch, und nicht einmal daran halten sich alle. Ähnliches gilt für die buddhistischen Kulturen Thailands, Sri Lankas, Myanmars und Tibets. Auch dort essen die Menschen Fleisch, sobald sie es sich leisten können, und nur manche Mönche leben wirklich vegetarisch. Buddha selbst, heißt es, liebte Wildschweingerichte.

In den Industriestaaten konsumieren die Menschen Anfang des 21. Jahrhunderts das Zwei- bis Dreifache des empfohlenen Minimums von etwa 20 Gramm tierischem Eiweiß pro Tag und Kopf, der wachsende Mittelstand in den Schwellenländern wird diese Entwicklung möglicherweise in relativ kurzer Zeit nachholen. Für die ärmeren Bevölkerungsgruppen würde es, wenn die Welt-Fleischproduktion auf heutigem Niveau stagnierte, also noch schwieriger und vielfach unmöglich, sich tierisches Eiweiß zu leisten.

Die Aufgabe der Zukunft wird sein, für die gesamte Menschheit eine angemessene Versorgung mit Proteinen sicherzustellen und dabei aus den Fehlern zu lernen, welche die Industrieländer während ihrer eigenen stürmischen Entwicklungsphase gemacht haben. Die Begleiterscheinungen der Massentierhaltung waren und sind vielfach ethisch und ökologisch höchst problematisch. »Nach der Grünen Revolution kommt die Vieh-Revolution mit weitreichenden Auswirkungen«, heißt es in einem Report des Internationalen Forschungsinstituts für Nahrungsmittelpolitik (IFPRI).

»Die Produktion wird dort stattfinden, wo auch der Verbrauch ist«, heißt es in der Studie und es wird gewarnt: »Die rasante Konzentration der Produktion in und um die Megastädte wird begleitet von einem Albtraum an Umweltverschmutzung.« Auch die hygienischen Bedingungen entsprächen oft nicht dem, was man im industrialisierten Teil der Welt für selbstverständlich hält, was der Ausbreitung von Krankheiten Vorschub leiste. Auch für eine Vermeidung von Tierseuchen, etwa durch Impfungen, fehle oft das Geld. China ist der größte Schweinefleischproduzent der Welt, der Pro-Kopf-Verzehr betrug 2004 rund 25 Kilo und soll sich bis 2020 verdreifachen. Indien liegt in den Produktionsmengen bei Milch bereits an dritter, bei Eiern an vierter und bei Broilerfleisch an achter Stelle. Und die Wachstumsaussichten sind enorm: In Indien, Pakistan und China werden pro Kopf höchstens fünf Kilo Geflügelfleisch verzehrt, in den USA sind es über 40 Kilogramm.

Eine über 6,6 Milliarden hinauswachsende und wohlhabender werdende Menschheit wird ohne technologische Durchbrüche nicht umweltverträglich produzieren und konsumieren können. Der bei manchen europäischen Konsumenten verbreitete Gedanke, das Heil der Landwirtschaft liege in einem Zurück zu vorindustriellen Produktionsmethoden, entpuppt sich dann als romantisches Wunschdenken.

»Die Landwirtschaft ist umso produktiver, je weniger Bauern es gibt. Die Länder mit den höchsten landwirtschaftlichen Erträgen sind jene mit dem geringsten Anteil von Bauern«, schrieb der 2007 verstorbene polnische Autor Ryszard Kapuściński, der durch seine Auslandsreportagen weltberühmt wurde. Er folgerte: »Die entwickelten Länder treten mit bäuerlichen Bevölkerungen in das 21. Jahrhundert ein, die einen Anachronismus darstellen.« Schon in den letzten 25 Jahren hat jeder zweite deutsche Bauer aufgegeben, die übrig gebliebenen bewirtschaften pro Kopf heute die doppelte Fläche. Immer weniger Landwirte werden deshalb in Zukunft immer größere Flächen bewirtschaften. 1950 waren in Deutschland 30 Menschen notwendig, um 100 Hektar zu bewirtschaften, Anfang des 21. Jahrhunderts erledigen das drei. Ernährte Mitte des vorherigen Jahrhunderts ein Landarbeiter zehn Menschen, so sind es 60 Jahre später beinahe 150. Von den 350 000 landwirtschaftlichen Betrieben (Stand: 2007) geben in Deutschland immer noch Tag für Tag 30 Landwirte auf.

Das liegt nicht nur am ökonomischen Druck, sondern auch an einer gewandelten Lebenseinstellung. Gerade die begabtesten jungen Menschen fliehen vor einem Landleben ohne geregelten Feierabend und Urlaubsanspruch. In vielen Industrieländern finden selbst überlebensfähige Bauernhöfe – egal ob konventionell oder nach Biorichtlinien wirtschaftend – häufig keinen Nachfolger mehr. Der Grund liegt nur zum geringeren Teil im ökonomischen Verdrängungswettbewerb. Den Ausschlag für die Flucht vor dem Erbe gibt vor allem eine stark nachlassende Begeisterung für das Landleben und bäuerliche Traditionen – zumindest bei denen, die das Landleben wirklich kennen. Regelmäßiger Urlaub, Wochenende, Feierabend oder Kinobesuch sind soziale Fortschritte, die am landwirtschaftlichen Kleinbetrieb meist spurlos vorübergegangen sind. Verwöhnte Städter in gut gepolsterten Bürosesseln mögen sich nach bäuerlicher Familien- und Handarbeitsidylle sehnen, Bauernsöhne und -töchter tun es in der Mehrzahl nicht. Gerade die fittesten und dynamischsten ländlichen Hoffnungsträger ergreifen lieber die Flucht und einen anderen Beruf – gerne in der Industrie. Die Landwirtschaft muss sich – wenn sie in den Industrieländern für junge Menschen wieder attraktiver werden will – deshalb viel mehr als Bestandteil der Wirtschaft begreifen. Aber dafür bedarf es einer entsprechenden Betriebsgröße mit Arbeitsteilung und moderner Technik.

Die neuen Methoden einer »industriellen Ökologie« werden in vielfacher Hinsicht sauberer, sicherer und umweltfreundlicher als die herkömmlichen sein. Der ökologische Landbau nach heutiger Definition hat Teile einer zahlungskräftigen Kundschaft erobert, aber als allgemeines Patentrezept taugt er wohl nicht. Die Landwirtschaft und die Lebensmittelproduktion brauchen keinen Schritt zurück, sondern – ganz im Gegenteil – mehrere vorwärts. Das Vorbild der in Europa und Nordamerika ökologisch runderneuerten Industrie lehrt, dass solche Reformen auch ökonomisch vernünftig sind. Umweltschädliche Formen der landwirtschaftlichen Produktion können bei Ausschöpfung aller technischen Möglichkeiten genauso verschwinden wie die dunklen Fabriken der Industrie des 19. Jahrhunderts, die mit ihren Schornsteinen und Abwässern hemmungslos Wälder und Flüsse ruinierten.

Und dies wird auch in den aufholenden Ländern zunehmend erkannt. Mit der heutigen Technologie wird es in Zukunft unmöglich sein, die Nahrungsmittelproduktion auf das erforderliche Niveau zu bringen. Nach einer Analyse des IFPRI (Internationales Forschungsinstitut für Nahrungsmittelpolitik) bringt jeder Dollar, der in die landwirtschaftliche Forschung in China investiert wird, über acht Dollar Gewinn in Form von Produktivitätssteigerungen. »Wenn China seine Bevölkerung ernähren will, muss es seine wertvollen Ressourcen weise nutzen – egal ob es um Menschen, Land oder Wasser geht«, heißt es in einem Beitrag der renommierten Wissenschaftszeitung *Nature*.

Gerhard Flachowsky von der deutschen Bundesforschungsanstalt für Landwirtschaft (FAL) in Braunschweig kann dem nur beipflichten: »Unter Berücksichtigung der globalen Situation ist zu erwarten, dass die Forschung in den Bereichen Landwirtschaft und Umwelt bei knapper Nutzfläche und knappen Wasserressourcen vermehrt zu den entscheidenden Standortfaktoren zählt.« Und er sieht in diesem Bereich die westlichen Industrienationen in der Pflicht: Es sei somit im Sinne einer langfristigen Welternährungspolitik auch eine ethische Verpflichtung der Industriestaaten, die Agrarforschung weiter auszubauen und ihre Ergebnisse langfristig für die Verbesserung der globalen Ernährungssituation bereitzustellen.

»Bei der zunehmenden Produktion tierischer Lebensmittel sind Techniken zur Minimierung der Veredelungsverluste von vitaler Bedeutung«, heißt es in einem Dossier zur Welternährung des Europäischen Instituts für Lebensmittel- und Ernährungswissenschaften. »So lässt sich etwa die Stickstoff-Ausscheidung in der Schweinemast durch gezielte Ergänzung mit synthetischen Aminosäuren senken, weil dadurch der Eiweißanteil der Rationen gesenkt werden kann.« Solche nach neuesten wissenschaftlichen Erkenntnissen erzeugten Futtermittel böten, so das Institut, riesige Potenziale zur nachhaltigen Erzeugung von Protein bei gleichzeitigem Schutz der Umwelt. Die Vision vom »sauberen Schwein« wird nicht ohne solche Beihilfen aus Hightech und Wissenschaft zu haben sein.

Nach einer Studie der FAL sind Hochleistungsmilchkühe umweltfreundlicher, da sie im Vergleich zu Kühen mit geringerer Leistung je produziertem Liter Milch weniger Futter und Wasser benötigen. Doch diese Entwicklung hat auch deutliche Nachteile und kann deshalb nicht beliebig fortgeführt werden. Zum einen benötigen Hochleistungstiere auch deutlich mehr eiweißreiches Futter. Vor allem aber stößt die

Züchtung an ethische und ökonomische Grenzen. Extrem leistungsfähige Qualzüchtungen, die sich kaum auf den Beinen halten können, rufen zu Recht Kritik auf den Plan. Durch die geringere Lebenserwartung der Tiere nimmt im Übrigen auch ihre ökonomische Gesamtleistung wieder ab.

Einen weniger problematischen Weg zu höherer Effizienz in der Nutztier-Aufzucht bieten Betriebe, die zu einem Bestandteil symbiotischer Prozesse innerhalb eines Landwirtschafts- und Industrieverbundes werden. So wird über neue Agrarsymbiosen nachgedacht, in denen die pflanzlichen Abfälle von Gewächshäusern als Tierfutter dienen. Umgekehrt liefern die Tiere Dünger für die Pflanzen oder Biogas für die Energieversorgung der Gewächshäuser. Die kohlendioxidreiche Luft aus Ställen könnte ebenfalls in Gewächshäuser geleitet werden und dort für Wärme und Wachstum sorgen. Solche Verbindungen zum wechselseitigen Nutzen sind auch mit anderen Industrien denkbar. So gibt es in Dänemark beispielsweise eine Fischfarm als integrierten Bestandteil einer Industriesymbiose (sie nutzt unter anderem die Abwärme des Kohlekraftwerks). Auf der Suche nach möglichst effizienten und umweltschonenden Verfahren arbeitet die Wissenschaft auch an Kombinationen von Aquakultur und Tierhaltung. So könnte man Algenteiche in den Futterzyklus einbinden. Die Fäkalien großer Rinder- oder Hühnerzuchtbetriebe sollen in Algenteiche geleitet werden, wo der enthaltene Stickstoff dann wieder in verfütterungsfähige Biomasse verwandelt wird.

Algen sind sehr genügsame Lebewesen – zum Wachsen brauchen sie nur Wasser, Kohlendioxid, Nährstoffe und Sonnenlicht. Während vor allem Makroalgen etwa in Form von Seetangsuppe oder Sushi heute schon zur menschlichen Proteinversorgung beitragen, sagen die Wissenschaftler inzwischen auch den Mikroalgen weitere Nutzungsmöglichkeiten voraus. Algen eignen sich prinzipiell zur Ernährung von Mensch und Tier. Sie enthalten bis zu 70 Prozent Eiweiß, lebenswichtige Vitamine, Ballaststoffe, zehnmal so viel Betacarotin wie eine Karotte, zahlreiche Aminosäuren und die hochwertigen Omega-3-Fettsäuren. Manche dieser Mikroorganismen könnten das in Abwässern und Abgasen enthaltene Schwermetall und Kohlendioxid abbauen – und sie wandeln organische Abfallstoffe wie Gülle in wertvolle Biomasse um.

Doch auch ohne radikale Durchbrüche ist Fortschritt machbar, denn das Potenzial ständiger und schrittweiser Optimierung ist erheblich. Will man in 100 Jahren die Effizienz eines Verfahrens um den Faktor vier steigern, so genügt dafür eine jährliche Verbesserung von 1,4 Prozent. Während dafür in den hoch produktiven Landwirtschaften der Industrieländer immer höher entwickelte technische und industrielle Verfahren notwendig sind, stellt sich die Situation in den nachholenden Staaten anders dar. Dort lassen sich oft mit relativ einfachen Verbesserungen im sozialen oder technischen Bereich große Ertragssteigerungen erzielen. In dem Essay »Die Befreiung der Umwelt« (The Liberation of the Environment) schreibt Jesse Ausubel von der Rockefeller-Universität: »Wenn alle Bauern der Welt ihre Erträge über die nächsten sechs oder sieben Jahrzehnte jeweils um 1,5 Prozent jährlich auf das heutige Ertragsniveau der europäischen Landwirtschaft steigern, können zehn Milliarden Menschen mit 6000 Kalorien täglich versorgt werden.«

Die Summe kleiner Fortschritte könnte große Ergebnisse zeitigen. Beispielsweise Landreformen, Kleinkredite für Investitionen, die Bereitstellung von Düngemitteln, angepasstere Pflanzen, einfache Maschinen oder Bewässerungssysteme, Trocknungsanlagen zur Haltbarmachung von Lebensmitteln. Auf lange Sicht werden hoffentlich auch die Zollschranken für Lebensmittel aus Entwicklungsländern fallen, die vielerorts noch bestehen. Warum sollen Früchte, Gemüse oder Getreide nicht dort erzeugt werden, wo die besten klimatischen oder landschaftlichen Bedingungen herrschen? Trotz Transporten sind solche Importe vielfach auch in der Energiebilanz günstiger. Und ökologisch wäre es allemal sinnvoller, fertiges und auf den endlosen Pampas Südamerikas extensiv erzeugtes Rindfleisch etwa aus Argentinien zu importieren, anstatt das Sojafutter für unsere hiesigen Rinder aus Brasilien zu beziehen.

Die Eiweißversorgung der Menschheit wird noch über Jahrzehnte von einer Gleichzeitigkeit sehr verschiedener Entwicklungsstufen der Landwirtschaft geprägt sein. Hinzu kommen je nach Weltregion und Kulturkreis unterschiedliche Mentalitäten, Esstabus und ethische Vorstellungen hinsichtlich der Tierhaltung. Dennoch ist langfristig damit zu rechnen, dass sich Standards im Verbraucherschutz, Naturschutz und Tierschutz global angleichen. »Dass Fleisch immer mehr zur Gewissensfrage wird, belegt etwa die Haltung von Schülerinnen in deutschen Großstädten. So verzichtet bereits ein erheblicher Teil auf den Verzehr von Fleisch – aus Mitleid mit dem Tier«, schreibt der Lebensmittelchemiker Udo Pollmer. Je weiter Menschen vom tatsächlichen Landleben und der Haltung von Nutztieren mit all ihren Begleiterscheinungen entfernt sind, desto romantischer und verklärter wird ihr Verhältnis zur Natur. Pollmer: »Eine wichtige Ursache dafür bilden Naturdarstellungen, Schriften und Filme, welche die belebte Welt nicht mehr als ein System von Fressen und Gefressenwerden darstellen, sondern eher so wie das Paradies.« Sehr wahrscheinlich werden sich solche Vorstellungen mit der Zeit auch in den Megastädten der aufholenden Welt herausbilden.

Dennoch wird der Vegetarismus eher die Ausnahme bleiben. Die übrigen Konsumenten müssen deshalb wieder lernen, dass Fleisch von lebendigen Tieren stammt. Schmutzige Methoden blieben auch deshalb so lange unentdeckt, weil viele Verbraucher lieber ihre Illusionen von ländlicher Idylle pflegten und von den tatsächlichen Zuständen gar nichts wissen wollten. Es gibt übrigens bereits, wie schon erwähnt, einen gläsernen Schlachthof. Und einige Biobetriebe verkaufen ihren Kunden Anteile an lebenden Rindern – die Konsumenten können ihr künftiges Schnitzel auf der Weide besichtigen.

In ferner Zukunft könnte die moderne Biotechnologie das Schlachten von Tieren teilweise sogar ganz überflüssig machen. Das hätte ungeheure Auswirkungen. Denken wir doch nur einmal daran, wie das Automobil in den vergangenen 100 Jahren Umwelt, Gesellschaft und Kultur umgewälzt hat. Oder die Antibabypille, oder das Internet. Nun deutet sich ein technischer Durchbruch an, der unser tägliches Leben noch viel stärker verändern könnte: Künstliches Fleisch, das vom tierischen Produkt nicht mehr unterscheidbar ist und im Labor erzeugt wird.

Um die Bedeutung einzuschätzen, muss man sich vor Augen führen, welch ungeheure Auswirkungen die Tierhaltung hat: Auf der Welt leben heute etwa 20 Milliarden Nutztiere und die Zahlen sollen weiter steigen. Die Viehhaltung belastet den Planeten weitaus mehr als Industrie und Verkehr. Außerdem werden 40 Prozent der globalen Getreideernte und 20 Prozent des Fischfangs nicht direkt zu Lebensmitteln, sondern zu Futtermitteln verarbeitet. Sollte es in den nächsten Jahrzehnten gelingen, Fleisch industriell zu produzieren, sähe die Welt in vielfacher Hinsicht anders aus. Es wäre der größte derzeit denkbare ökologische Fortschritt. Die letzten Wildnisgebiete müssten nicht für Viehherden oder Futtermittelanbau weichen, viele Milliarden Kubikmeter Wasser würden gespart, gewaltige Mengen des Treibhausgases Methan ebenfalls. Gewässer würden weniger verschmutzt, Felder weniger überdüngt. Tiere fielen als Überträger für Krankheiten wie BSE oder Vogelgrippe weg. Überall auf der Welt könnten Menschen besser ernährt werden, ohne dass dies auf Kosten der Umwelt ginge. Allerdings würden in der Landwirtschaft noch mehr Jobs verloren gehen als ohnehin schon. Es wäre eine technische Revolution, die den gesamten Planeten verändert.

»Theoretisch ist es nicht notwendig, Tiere zu halten, um Fleisch zu produzieren«, schreibt der renommierte amerikanische Umweltjournalist Gregg Easterbrook. Biotechniker arbeiten an verschiedenen Verfahren, das Tier in unserer Nahrungskette schlichtweg zu überspringen. Eine interdisziplinäre Gruppe amerikanischer Wissenschaftler (www.newharvest.org) treibt die konkrete Entwicklung voran. Die Forscher nehmen an, dass sie in weniger als einem Jahrzehnt qualitativ akzeptable Würste und Hackfleisch aus Zellkulturen herstellen können (mit Steaks und Braten wird es wohl länger dauern). In den Niederlanden forschen Wissenschaftler der Universitäten von Amsterdam, Eindhoven und Utrecht an einem ähnlichen Projekt, die niederländische Regierung hat zwei Millionen Euro Forschungszuschüsse zur Verfügung gestellt. Ziel: Das Fleisch der Zukunft unmittelbar in der »richtigen« zellulären Form zu züchten, anstatt es in Tieren »wachsen« zu lassen. Das Endprodukt wäre vollwertiges biologisches Fleisch, allerdings würden die Zellen keinen Umweg mehr über ein lebendes und leidendes Tier nehmen. Eine Entwicklung, die vor 10 000 Jahren mit der Domestizierung der Nutztiere begann, könnte wieder eine mit der Kreatur und Natur versöhnlichere Richtung einschlagen. Unerwartete Allianzen zwischen Protagonisten solcher neuen Methoden und ethisch motivierten Verbrauchern sind durchaus denkbar.

Der Gedanke an Fleisch, das gleichsam in der Retorte produziert wird, dürfte viele Menschen dennoch erschrecken. Historisch gesehen konsumiert der Mensch freilich auch heute schon zahlreiche Substanzen, die unseren Vorfahren höchst suspekt vorgekommen wären. Tomatenmark aus der Tube oder Chicken McNuggets hätten die Jäger und Sammler der Urzeit wohl erst einmal beiseite geschoben. Die Menschen in den Industrienationen haben es auch längst verlernt, ein Huhn zu schlachten. Der Gedanke an Millionen Tiere, die in Schlachthäusern für den menschlichen Verzehr industriell getötet werden, könnte künftigen Generationen genauso steinzeitlich erscheinen wie der Gedanke an ein lebendiges Huhn, dem in einer sauber glänzenden europäischen Küche der Kopf abgehackt wird. Die Menschheit wird vielleicht in ferner Zukunft zu De-facto-Vegetariern, nicht aufgrund einer Philosophie, sondern einfach durch Schnitzel und Rouladen, die nichts mehr mit Tieren zu tun haben.

Ob eine solche Produktionskette eines Tages funktioniert und wie lange es bis dahin dauert, lässt sich aber kaum sagen. Bis zur tatsächlichen technischen Machbarkeit ist es sicherlich noch ein weiter Weg. Und bis zur gesellschaftlichen Akzeptanz wohl noch mehr. Der Zukunftsforscher Matthias Horx mutmaßt gar: »Es wird geheime Restaurants geben, in denen man geschlachtete Tiere essen kann – zu horrenden

Preisen, manchmal mit Ekelgefühlen, aber welch ein verbotener Genuss!«

Auch Fische werden allmählich zum verbotenen Genuss. Und zwar heute schon: Die Überfischung der Weltmeere hat solche Ausmaße angenommen, dass nur noch gesetzliche Fangquoten den Raubbau verhindern können. Fische liefern hochwertiges und besonders leicht verdauliches Eiweiß, eine Vielzahl an Mineralien und Mineralstoffen. Der Gesamtfettgehalt der Fische ist meist relativ gering, Ausnahmen bilden Aal, Makrele, Hering und Lachs. Von besonderer Bedeutung sind die sogenannten Omega-3-Fettsäuren, die vor allem in Seefisch vorkommen. Im menschlichen Organismus werden daraus Gewebshormone gebildet, die den Blutfettspiegel und Blutdruck günstig beeinflussen.

Während der Fischkonsum in den entwickelten Ländern auf hohem Niveau stagniert, verzeichnen die Entwicklungsländer eine dramatisch ansteigende Nachfrage. Afrika und Asien decken ihren pro Kopf noch verhältnismäßig geringen Verbrauch an tierischem Protein zu einem erheblichen Anteil mit Fisch. Doch in den nächsten zwei Jahrzehnten werden die Entwicklungsländer nahezu für das gesamte Wachstum der Fischindustrie verantwortlich sein. Etwa vier Fünftel des weltweiten Fisches werden den Prognosen zufolge um 2020 von den Entwicklungsländern erzeugt und verbraucht.

Um die steigende Nachfrage zu befriedigen, wird die ohnehin schon explosionsartig ansteigende Fischzucht in Aquakulturen eine entscheidende Rolle spielen, da der Wildfang von Fisch – wie geschildert – an seine Grenzen gestoßen ist. So prophezeit die Studie »Outlook for Fish 2020«, dass dann mehr als 40 Prozent aller Fische auf dem Markt aus Zucht stammen werden. Die Fischer von heute werden morgen vielleicht so etwas wie die »Bauern der Meere« sein.

Doch auch diese Entwicklung ist nicht unproblematisch. Derzeit machen viele Aquakulturen durch erhebliche Umweltschäden wie Gewässerverschmutzung und Pestizidbelastung, Zerstörung von Böden und Mangrovenwäldern, Parasiten- und Krankheitsbefall auf sich aufmerksam. Fachleute fürchten auch, dass in der Region artfremde Zuchtfische oder Tiere mit veränderten genetischen Eigenschaften zur Bedrohung wilder Bestände werden könnten.

Die Umerziehung des Fisches zum vom Menschen direkt kontrollierten Nutztier ist das große Domestizierungsprojekt des angebrochenen Jahrhunderts. Lachs, Shrimps und Muscheln aus Zuchtbetrieben sind auf den meisten Märkten heute schon preiswerter als die wilde Konkurrenz. Für Kabeljau, Heilbutt und Red Snapper könnte dies nach Ansicht von Forschern bald der Fall sein. Eine neue Generation hochseetauglicher Käfige wird künftig Fischzucht auch weitab von Küsten erlauben. Der Fischerei-Ingenieur Cliff Goudey vom Massachusetts Institute for Technology (MIT) drängt zur Eile. Der Übergang vom Jäger zum Viehzüchter habe Jahrtausende gedauert, der Übergang zur Hochseefischzucht müsse hingegen in wenigen Jahrzehnten gelingen. Ansonsten würden wir »die Meere zerstört haben«. Aber auch tiefer im Binnenland, näher beim Verbraucher und weiter weg von den oftmals fragilen oder vom Tourismus in Beschlag genommenen Küstenregionen sollen dank neuer Methoden große Fischfarmen entstehen.

Weltweit werden große Anstrengungen unternommen, um die Aquakultur umweltfreundlicher und nachhaltiger zu machen. Als führend in dieser Hinsicht gilt derzeit Norwegen. Kippte man dort 1987 noch 50 000 Kilo Antibiotika in die Lachsgehege, so waren es 20 Jahre später gerade noch etwa 700 Kilo. Neuartige Impfungen und Putzerfische fressen Parasiten weg, die früher mit Pestiziden bekämpft wurden. Die Besatzdichte der Käfige wurde halbiert, weniger Stress und Infektionsanfälligkeit sind die Folge, aber auch bessere Fleischqualität, weil die Tiere sich mehr bewegen können und nicht mehr verfetten. Große andere Produzenten wie Kanada, die USA und Chile werden früher oder später zu ähnlichen Maßnahmen greifen müssen.

Ein grundsätzliches Problem macht Züchtern und Wissenschaftlern aber weiterhin Kopfzerbrechen. Pflanzenfressende Fische sind in der Zucht unproblematischer und können mit organischen Abfällen gefüttert werden. Karpfenzucht wird in Asien seit über 2000 Jahren betrieben und hat keine nennenswerten Umweltschäden hinterlassen. Shrimps und fleischfressende Arten wie Lachs verursachen hingegen mehr Umweltprobleme und erfordern ein qualitativ höherwertiges Futter.

Umso höher der gezüchtete Fisch in der Nahrungskette steht, desto weniger effizient ist – zumindest theoretisch – die Eiweißproduktion der jeweiligen Aquakultur. Dieses Argument würde sich relativieren, wenn beispielsweise zum menschlichen Verzehr nicht geeignete Abfälle verfüttert würden. Schlechter sieht die Bilanz beim (vielfach gebräuchlichen) Einsatz von Fischmehl aus. Nach einer Studie des WWF werden dann rund vier Kilo frei lebender Fisch benötigt, um ein Kilo Zuchtfisch zu erzeugen. Die Ausbeute kleiner Meereslebewesen und deren Verarbeitung zu Fischmehl hinterlässt eine nur wenig erforschte Lücke in der maritimen Nahrungskette und könnte indirekt viele Meerestiere gefährden. »Aquakultur ist eine zusätzliche Möglichkeit, Verbraucher mit Speisefisch zu versorgen«, sagen die

Umweltschützer, »doch dürfen Fischfarmen nicht ihrerseits zur Überfischung beitragen.«

So wird der Fortschritt auch in der Nahrungsmittelproduktion stolpernd voranschreiten, es gibt keine Patentrezepte. Neue Lösungen bringen auch immer neue Probleme hervor. Technologischer Optimismus bedeutet in der Praxis, dass wir unangenehme Überraschungen schnell genug erkennen, um etwas gegen sie unternehmen zu können. Der amerikanische Autor Edward Tenner beschreibt in seinem Buch *Die Tücken der Technik* diese unangenehmen Überraschungen als »Racheeffekte« und meint: »Racheeffekte bedeuten letztendlich, dass wir vorankommen, aber dabei ständig auch zurückblicken müssen, weil uns die Wirklichkeit immer wieder einholt.« Wohl keine Kulturtechnik ist so eng vernetzt mit den natürlichen Kreisläufen wie die Landwirtschaft – ständige Veränderung und Anpassung an die Gegebenheiten wird auch in Zukunft ihre Geschäftsgrundlage bleiben.

ANHANG

Ein Einkaufszettel für kritische Verbraucher

Sich gesund zu ernähren und mit gutem Gewissen einzu-
kaufen ist gar nicht so schwer. Ein paar Empfehlungen für
kritische Konsumenten:

- Der Verzehr von Biolebensmitteln ist keine Garantie
  für Wohlbefinden und langes Leben. Es gibt keinen Beweis dafür, dass Biokost nahrhafter und gesünder ist oder
  irgendwelche wertvolleren Inhaltsstoffe hat. Erhoffen Sie
  sich also nicht zu viel davon. Viel wichtiger als Bio oder
  Nicht-Bio ist eine abwechslungsreiche Ernährung, die alle
  Komponenten enthält, die der Körper braucht. So einzu-
  kaufen und zu essen ist keine Kunst. Greifen Sie zu dem,
  was Ihnen schmeckt, und achten Sie ein bisschen darauf,
  dass von allen üblichen Lebensmitteln etwas dabei ist, also
  Obst, Gemüse, Getreideprodukte, Nüsse, Fleisch, Fisch
  und Milch. Für einen gesunden Menschen genügt das
  völlig.
- Wer aus Angst vor Pestizidresten weniger Früchte isst,
  tut sich nichts Gutes. Verzichten Sie nicht darauf, wenn
  Sie sich keine Bioware leisten können. Frisches Obst und
  Gemüse fördern die Gesundheit und Pestizidreste spielen
  als Krankheitsursache eine verschwindende Rolle. Zwar

wurden ältere Studien, die frische Früchte als Vorbeugung gegen Krebs und andere Krankheiten anpriesen, durch neuere Untersuchungen relativiert. Es ist aber immer noch Konsens unter den Ernährungswissenschaftlern, dass Obst und Gemüse in vielerlei Hinsicht gut für die Gesundheit sind.

- Waschen Sie Obst, Gemüse und besonders Geflügelfleisch sorgfältig. Das gilt für Bioprodukte genauso wie für andere. Und reinigen Sie Ihr Spülbecken gründlich (es enthält in der Regel mehr Keime als die Toilettenschüssel). So schützen Sie sich gegen Bakterien und andere Krankheitserreger. Da der gegenwärtige Zeitgeist dem Natürlichen huldigt und allem Synthetischen misstraut, vernachlässigen manche gesundheitsbewussten Menschen die guten alten Hygieneregeln. Pestizidreste, Konservierungs- und Farbstoffe sind jedoch ein minimales Risiko verglichen mit der Gefahr, die von Bakterien und Schimmelpilzen ausgeht.

- Seien Sie bei Rohmilchprodukten vorsichtig. Ohne die Pasteurisierung (Kurzzeiterhitzung) können sich Keime leichter einnisten. Milch kommt nun mal aus Kuhställen, die unvermeidlich verschmutzt sind. Deshalb ist Milch besonders durch Mikroben gefährdet. Auch Speisen aus rohen Eiern bergen ein erhöhtes Risiko, besonders im Sommer. Etliche Salmonellenerkrankungen brachen in der Vergangenheit aus, weil Kantinen bei der Zubereitung solcher Eierspeisen nicht hygienisch genug arbeiteten.

- Wenn Sie etwas für den Tierschutz tun möchten, kaufen Sie Fleisch, Wurst und Milch aus Biobetrieben oder von Neuland (nicht Bio, aber strenge Tierschutzauflagen). Ethisch fragwürdige Tierhaltung ist – trotz vieler Verbesserungen – nach wie vor weitverbreitet. Schweine sind die

Tiere, von denen der größte Teil der Wurst- und Fleischprodukte in Deutschland stammt. Gerade sie werden in der Regel unter schlechten Bedingungen gehalten. Bei den meisten Biobauern haben sie es besser, auch wenn es da unrühmliche Ausnahmen gibt. Besserer Tierschutz ist die starke Seite des Biolandbaus.

- Achten Sie beim Fischkauf auf das MSC-Siegel (Marine Stewardship Council). Das MSC (das unter anderem vom WWF unterstützt wird) vergibt ein Gütesiegel für Produkte von Unternehmen, die das marine Ökosystem schonen und beim Fang auf Nachhaltigkeit achten. Leider sind erst zirka zehn Prozent der in Deutschland verkauften Fischerzeugnisse MSC-zertifiziert. Beim WWF kann man eine Informationsbroschüre für den umweltbewussten Fischkauf bestellen. Der Bioverband *Naturland* vergibt ein Gütesiegel für Produkte aus Fischfarmen, die besonders umweltschonend arbeiten. Die Überfischung der Meere ist eines der größten Umweltprobleme unserer Zeit. Da die meisten Fanggründe auf dem offenen Meer liegen und niemandem gehören, ist es äußerst schwierig, durch internationale Abkommen den Raubbau zu stoppen. Es könnte ein wenig helfen, wenn die Nachfrage nach Fisch mit Umweltzertifikat steigt.

- Essen Sie Wild. Wildtiere sind keine Umweltbelastung – im Gegenteil: Sie sind Bestandteil eines natürlichen Ökosystems. Und sie lebten garantiert artgerecht, bevor sie geschossen wurden. Selbst Gatter-Wild (zum Beispiel von Hirsch- oder Straußenfarmen) wächst unter tierfreundlicheren Bedingungen auf, schadet der Umwelt weniger und verbraucht bei der Aufzucht weniger Energie als die traditionellen Nutztiere. Das gilt auch für Wild aus anderen Kontinenten (etwa Antilope oder Känguru).

- Kaufen Sie mit gutem Gewissen Produkte aus Entwicklungsländern. Die Menschen dort sind auf den Verkauf landwirtschaftlicher Produkte angewiesen, da sie noch keine oder nur wenige Industrieprodukte auf den Weltmarkt bringen können. Ohne Handel kein wirtschaftlicher Fortschritt. Wir Europäer möchten unsere Maschinen weltweit verkaufen, da wäre es ziemlich unfair, aus falsch verstandenem Umweltbewusstsein Früchte aus Entwicklungsländern zu boykottieren. In letzter Zeit wurden oftmals die langen Transportwege angeprangert. Doch mehrere Studien haben nachgewiesen, dass der Energieverbrauch bei Produkten aus fernen Ländern meistens geringer ausfällt als für hiesige Ware – trotz der langen Wege. Der interkontinentale Transport (der zumeist mit Schiffen erfolgt) schlägt in der Umweltbilanz viel geringer zu Buche als der hohe Energieverbrauch bei Herstellung und Verarbeitung und der kleinteiligen Verteilung auf den Einzelhandel in Deutschland.

- Entspannen Sie sich. Essen Sie mit Lust und meiden Sie einseitige Diäten wie Veganismus, Frischkornernährung oder extrem fettreduzierte Kost. Misstrauen Sie dem grassierenden Diätwahn. Neuere Untersuchungen haben gezeigt, dass die Menschen am wenigsten krank werden, die leicht über dem sogenannten Idealgewicht liegen. Es gibt keine Wunderdiäten, die schlank, schön, gesund und glücklich machen. Das behaupten nur Scharlatane. Der Lebensmittelchemiker und Bestsellerautor Udo Pollmer brachte es auf den Punkt: »Essen macht nicht gesund, sondern satt.« Wer sich heute ganz normal ernährt, kann kaum etwas falsch machen. Denn das Angebot der Märkte ist so reichhaltig und gesund wie noch nie in der Menschheitsgeschichte.

Ein kleiner Ratgeber für den Medienkonsum

Auch Angst kann krank machen. Für Zeitungsleser und Fernsehzuschauer ist es daher wichtig, zwischen tatsächlichen und aufgebauschten Risiken unterscheiden zu lernen. Ein paar einfache Kniffe helfen auch dem Laien, den Gehalt von Skandalmeldungen und Angstkampagnen besser einzuordnen.

- Einen Hinweis auf die Seriosität von Studien gibt oft schon der Zeitpunkt ihrer Veröffentlichung. Wird in der Weihnachtszeit vor belasteten Lebkuchen gewarnt und an Ostern vor Medikamentenrückständen in Eiern, dann liegt zumindest der Verdacht nahe, dass es hier weniger um Verbraucherschutz als vielmehr um die Erzeugung öffentlicher Aufmerksamkeit geht. Sind die Auftraggeber der entsprechenden Untersuchungen dann auch noch Medien oder Spendenorganisationen, dann sollte man zumindest einmal abwarten, was unabhängige Wissenschaftler und Behörden dazu sagen.

- Ein paar nützliche Fragen zur Einschätzung von alarmierenden Meldungen: Welches Institut hat die Untersuchung in wessen Auftrag gemacht? Handelt es sich tatsächlich um neue Untersuchungen mit entsprechenden Probenahmen und Analysen? Oder ist es lediglich eine neue Auswertung, die bekannte Untersuchungen zusammenfasst und neu interpretiert (»Literaturstudie«)? Im letzteren Fall kommt es schon mal vor, dass alte und oft auch widerlegte Studien kombiniert und zu einem neuen Skandal angerührt werden. Weiterhin sollte man wissen: Wie qualifiziert ist das Institut für die betreffende Untersuchung? Wie groß ist die Zahl der untersuchten Proben? Und schließlich: Gibt es vergleichbare Untersuchungen, die zu ähnlichen oder anderen Ergebnissen gekommen sind? Im

Internet finden sich solche einordnenden Informationen meist ausführlicher und schneller als in den herkömmlichen Medien, die oft wenig Neigung zeigen, entdramatisierenden Stimmen Raum zu geben.

- Bei vermeintlichen Lebensmittelskandalen geben oft schon die Sprache und die Art, wie Zahlen präsentiert werden, einen Anhaltspunkt dafür, wie stichhaltig die Vorwürfe sind. Wird beispielsweise von Belastungen »bis zu« einem bestimmten Wert gesprochen, so kann es sich dabei um einen einmal gefundenen Extremwert handeln, der im Grunde nichts über die statistische Gesamtbelastung aussagt. Vorsicht auch, wenn die Formulierung fällt, dass ein Gesundheitsrisiko »nicht ausgeschlossen« werden kann. Ein Gesundheitsrisiko kann praktisch niemals ausgeschlossen werden, auch nicht bei der Benutzung eines Küchenmessers.

- Die Tatsache, dass in Lebensmitteln oder dem menschlichen Organismus Rückstände bestimmter Chemikalien gefunden wurden, sagt zunächst einmal noch nichts über eine gesundheitliche Gefährdung aus. Dank der ultrafeinen modernen Analytik lassen sich praktisch überall (auch in Biowaren) alle möglichen Rückstände bestimmen, die über die ganz normalen Umwelteinflüsse dort hingelangen. Das gehört in der Regel zu den allgemeinen Lebensumständen. Werden solche Restspuren beispielsweise von Schwermetallen oder Pestiziden berichtet, dann gehört unbedingt folgende Information dazu: Wie hoch war die Belastung in der Vergangenheit und wie hoch ist sie heute? In den letzten Jahrzehnten konnte bei vielen Schadstoffen im menschlichen Körper, wie beispielsweise Blei, Cadmium oder Dioxin, ein signifikanter Rückgang erzielt werden.

- Bei Rückständen in Lebensmitteln stellt sich zunächst die Frage, ob gesetzliche Grenzwerte überschritten wurden. Die von den Behörden festgelegten Werte für bestimmte Belastungen sind in der Regel extrem vorsichtig gewählt. Zunächst wird aufgrund von Versuchsreihen festgelegt, bei welchem Wert ein Stoff im menschlichen Organismus noch keinerlei Wirkung zeigt. Dieser Wert wird aus Sicherheitsgründen noch einmal durch 100 geteilt. Wird ein Grenzwert also beispielsweise um das Doppelte überschritten, so klingt das zwar dramatisch (und darf nicht sein), die Belastung liegt aber immer noch weit unter der Schwelle, an der eine tatsächliche Gefährdung vorliegen würde.
- Wenn vor nicht einwandfreien Lebensmitteln gewarnt wird, sollten die auftretenden Beschwerden und Krankheiten in der entsprechenden Veröffentlichung möglichst konkret benannt sein. Es ist ein Unterschied, ob es lediglich um ein leichtes Bauchgrimmen geht oder ob ernsthafte Vergiftungserscheinungen oder Krebserkrankungen auftreten. Umso nebulöser die Ausdrucksweise, desto größer ist die Wahrscheinlichkeit, dass keine ernsthaften Erkrankungen zu befürchten sind, sie in der Wahrnehmung des Publikums aber insinuiert werden sollen.

PIPER

Gunter Frank
Lizenz zum Essen

Warum Ihr Gewicht mehr mit Stress zu tun hat, als mit dem, was Sie essen. 336 Seiten. Gebunden

Alle wollen abnehmen, kaum einer schafft es. Obst essen und Sport treiben, dann purzeln die Kilos? Eher nicht. Was hilft denn wirklich? Darauf kann es nach allem, was Medizin, Ernährungswissenschaft und Psychologie wissen, nur eine Antwort geben: belastenden Stress vermeiden. Nicht das, was wir essen oder wie viel wir essen, hat den größten Einfluss auf unser Gewicht, sondern ganz andere Faktoren: Hormone und Licht, Stress und Sorgen. Weil der Arzt und Ernährungsspezialist Gunter Frank in seiner Praxis jeden Tag den immensen Leidensdruck von eigentlich gesunden, aber mit ihrem Gewicht unzufriedenen Frauen und Männern sieht, hat er dieses revolutionäre Ernährungsbuch geschrieben. Wir müssen Schluss machen mit Verzicht, schlechtem Gewissen und Stress beim Essen, sagt Frank und zeigt: viel mehr als eine ordentliche Portion Rührei mit Speck schadet es, dass kaum noch jemand nach Herzenslust isst.

01/1705/01/L